deportiva**mente**
MAGISTERIO

Guimaraes Rodríguez, Toninho
    Educación física básica / Toninho Guimaraes Rodríguez; ilustraciones
María Constanza Tovar.— Bogotá: Cooperativa Editorial Magisterio, 2000.
182 p. ; 24 cm.— (Colección Deportivamente)
Incluye bibliografía.
1. Educación física I. Tít. II. Serie
796.07 cd 20 ed.
AGW4558

CEP-Biblioteca Luis-Angel Arango

Toninho Guimaraes R.

Educación Física Básica

deportivamente
MAGISTERIO

Colección Deportivamente

EDUCACIÓN FÍSICA BÁSICA

Autor
© **LIC. TONINHO GUIMARAES RODRÍGUEZ**

ilustraciones
MARÍA CONSTANZA TOVAR

Libro ISBN 978-958-20-0545-0

Primera edición: 2000.
Segunda edición: 2006.

© **COOPERATIVA EDITORIAL MAGISTERIO**
Diag. 36 Bis # 20 - 70 Parkway - La soledad
Celular: (+57) 312 4354489
Bogotá, D.C. Colombia
www.magisterio.com.co
info@magisterio.com.co

Dirección General
ALFREDO AYARZA BASTIDAS

*A los que a diario construyen en sus patios escolares
una educación física de calidad
con planeación y método.*

Contenido

Introducción

La educación física tiene una necesidad urgente: La difusión de sus conceptos
básicos, propósitos y valores. Sólo el conocimiento a través de la información,
genera una toma de conciencia que posibilita el desarrollo de un hábito del
ejercicio como parte de una educación permanente, fundamental en la vida
del individuo.

El primer contacto del estudiante con una educación sistematizada a través del
ejercicio físico es con el docente de educación física, de ahí que como promotor
y difusor de esta disciplina educativa requiera de materiales de apoyo para el
desarrollo de su programa de trabajo.

Este *rotafolios* es el resultado de experiencias prácticas en el servicio docente en
escuelas públicas y privadas, con la intención de generar algunas ideas como
aporte para influir hacia un reconocimiento social de los efectos educativos y
trascendentes en la educación física.

Por tales motivos, es nuestro deseo que al sistematizar el proceso de enseñanza-
aprendizaje de sus fundamentos teóricos, sirvan como base informativa para
generar un conocimiento previo al trabajo práctico.

La originalidad de este libro reside sin duda en dos grandes aspectos; su estructura con base en diferentes centros de interés o proyectos pedagógicos y
la forma de acción pedagógica utilizada. En cuanto al primero, constituye un
conjunto de actividades adaptadas a las posibilidades y características del niño
en esta edad; representan la transición entre las formas *espontáneas* propias del
período anterior y las formas *codificadas* que constituyen la práctica deportiva
posterior. Este caso intermedio supone el tránsito de una motricidad sencilla y
básica a una motricidad compleja y específica. Por este motivo, constituye un

periodo crítico puesto que debe retener aspectos propios de una educación física básica y al mismo tiempo ir incorporando *conocimientos* que respondan a las necesidades culturales y reales del niño.

En este sentido creemos que es plenamente acertada la elección de cada uno de los temas aquí propuestos. Sin pretender un excesivo tecnicismo, ni someterse a modelos impuestos por la práctica adulta logra respetar las necesidades motrices y los intereses del niño. Así mismo, esta estructura parece sugerir al profesor nuevos temas que, teniendo en cuenta las peculiaridades de cada entorno, mantengan un equilibrio en el tratamiento de este programa de educación física.

Guión para la elaboración de rotafolios

Material de apoyo para clases teóricas introductorias en educación física

Objetivos del rotafolios

- Generar información relacionada al conocimiento de temas fundamentales sobre educación física, para estudiantes de educación básica, sistematizando sus contenidos y sus procesos de aplicación.

- Apoyar a los docentes de educación física con materiales aplicados y probados en el trabajo directo.

- Fomentar una toma de conciencia sobre los efectos y valores de la educación física como un hábito de por vida, resaltando su importancia en el proceso de desarrollo de una personalidad lo más armónica posible.

- Analizar los efectos negativos de los malos hábitos en la sociedad actual y las propuestas de solución.

Características del rotafolios

El rotafolios es un recurso didáctico de apoyo para la enseñanza. Consta de hojas tipo cartel con los temas que se van a exponer, para girarlas conforme van avanzando los temas y el porta-rotafolios, que es un tripode con un rectángulo de madera o material similar para apoyar las hojas e insertarlas en un soporte.

Recomendaciones

- Usarlo en rotafolios para girar las hojas conforme avancen los temas.

- Llevar un control de avance según los grupos atendidos (formato en última hoja del rotafolios).

- El nivel de complejidad de los temas dependerá del grado y conocimiento del grupo.

- Generar la reflexión a través de preguntas (método mayéutico) evitando ser sólo expositivo.

- En todos los grados promover mas la participación por equipos, corrillos, discusión de temas, para su análisis y conclusiones.

- Las clases teóricas no deben exceder de 6 en el año escolar, calculando 60 sesiones al año, un 10% aproximadamente.

- En la clase práctica, se recordarán, reforzarán y ampliarán estos y otros temas al hacer la introducción.

- Estos trabajos se pueden complementar con actividades extraclases como periódicos, murales, carteles, cuestionarios, etc. Con temas como por ejemplo: el sedentarismo, ejercicio físico y salud, contaminación y ejercicio físico, conservación de áreas naturales, opiniones, sugerencias, etc.

- Este material está programado para aplicarse en un promedio de 4 sesiones al inicio del año escolar como un punto de partida para las unidades prácticas.

También puede ser utilizado como material complementario en plan de contingencia ambiental.

- Este material tiene la ventaja de ser flexible considerando el grado escolar, región... etc., será tan versátil de acuerdo a las iniciativas que plantee el docente.

- Para seguir este guión, se presenta primero la explicación y enseguida el ejemplo de la *hoja-cartel* que sirve de exposición a los estudiantes.

Contenidos del rotafolios
1a. unidad

Hoja de rotafolios

Hoja No. 1

Bienvenida

La sesión es aprovechada por el profesor y los estudiantes para dar la bienvenida, resaltando los propósitos de la institución, de los estudiantes (que ellos se expresen) y los objetivos de estas clases teóricas.

Es importante exaltar el espíritu de superación y otros valores formativos.

Sugerencias de organización

En esta clase el profesor hace una introducción del trabajo a desarrollar, los objetivos y características de estas clases teóricas y comenta brevemente los temas de la hoja índice, haciendo los ajustes necesarios a su situación particular; es un buen momento para informar sobre la construcción del trabajo escrito con los contenidos de clase tras clase. Al final de la sesión registra en su diario el avance de los temas vistos con cada grupo.

¿Qué es la escuela ?
Nuestras metas
¡Hagamos un esfuerzo por ser mejores!

Hoja No. 2

Presentación

Esta actividad está orientada a una primera comunicación de maestro y estudiantes buscando fomentar un ambiente positivo a través de la exposición de algunas características personales: ¿quién soy?, ¿cuáles son mis aspiraciones?, ¿qué aficiones tengo?, etc.

Hoja No. 3

Cómo acreditar la primera unidad

Los conocimientos de esta primera unidad, son de carácter informativo y de organización, representan un fundamento para el trabajo práctico, por lo tanto, organizar una forma de evaluación permitirá darle seriedad al proceso y cumplir con los propósitos establecidos, ya que esta unidad es de características distintas a las otras siete, que son de contenido práctico; para tales efectos es conveniente tomar en cuenta los siguientes aspectos:

a.   Elaboración de un trabajo a base de síntesis, esquemas, dibujos, recortes, etc. De acuerdo a los contenidos desarrollados en estas clases teóricas.

b.   Presentación del vestuario adecuado para educación física.

c.   Participación en clases (asistencia y protagonismo).

d.   Realización de pruebas diagnósticas de capacidad física o psicomotoras (las que seleccione el docente).

El estudiante debe reunir todos estos requisitos para acreditar esta unidad; el profesor aplica su criterio para asignar porcentajes.

Evaluación primera unidad

¿Cómo acreditar?

a.   Organización de información de un trabajo
Escrito
Ilustrado
Esquemas

b.   Ropa para educación física

Zapatos tenis
Calcetas y playeras
Pantalón corto
Nombre impreso
Mujeres: listón sujetando cabello

c.   Participación

d.   Pruebas de condición física

A + B + C + D = Resultado la unidad

1a unidad: información y organización

Hoja No. 4

Requisitos para acreditar las unidades 2 a 8

Se mencionan las características de la evaluación a que estará sujeto el educando en el proceso educativo, los rasgos a tomar en cuenta enfatizarán el valor de la responsabilidad y la característica formativa de la educación física.

Nadie puede aprender si no práctica, entonces más que lo medible, el factor importante para evaluar es la participación, un estado de ánimo y una actitud, donde lo cualitativo (el entusiasmo, el espíritu de superación, el esfuerzo) deben ser tomados en cuenta.

Los criterios *subjetivos* producto de la observación, deben armonizar con la parte objetiva, utilizando algunos instrumentos como: pruebas psicomotoras, de capacidad física o motora deportiva considerando la temporalidad y necesidad del curso.

En lo que se refiere a las *justificaciones,* se dictan las normas para que el educando pueda quedar exceptuado de la clase, identificando el profesor las causas de ausencia y las indicaciones sobre la forma de recuperación de la clase.

Se sugiere que cuando el estudiante no pueda participar en forma práctica, observe y registre en su cuaderno lo que se realizó en la clase, evitando que la ausencia tenga otro origen, como la pereza o la falta de ropa adecuada; en todo caso el principal criterio será su sentido común.

Requisitos para acreditar educación física

2ª unidad   8ª unidad

Clases 90% asistencia

		Torneos	-	deporte para todos
a.	Participación			
			-	Festivales
		Extraclase:	-	Desfiles
			-	Ceremonias

- Mujeres listón en cabello

b.   Ropa de educación física   -   Indumentaria completa
Limpia
-    Nombre impreso

c.   Autodisciplina

d.   Cooperación   -   Clase
-    Compañeros

R e s p o n s a b i l i d a d

J u s t i f i c a c i o n e s

Hoja No. 5

El hábito de la ropa adecuada para educación física

El ejercicio físico requiere ropa adecuada al clima y tipo de actividad.

Habituar al educando al zapato de goma, pantalón corto o pants, y en general el uso de un vestuario adecuado, pretende formar un hábito de higiene y seguridad.

Una recomendación importante es la *personalización del educando,* tomándolo en cuenta como individuo; ha dado resultado indicar la impresión de nombre o apellido, a elección, al frente y atrás de su playera, permitiendo su identificación rápida y la posibilidad de hacerles indicaciones particulares durante la práctica para corregir, estimular, ayudar, etc.

Uso de la ropa para educación física

Hoja No. 6

Fundamentos teóricos de la educación física

Educación física-educación armónica o integral

En este tema, es importante hacer notar que no pude existir educación armónica o completa si no hay educación física, es decir, la armonía consiste en integrar las diferentes potencialidades del ser humano, buscar su más amplio desarrollo a través del estímulo propiciado por las distintas formas de educación.

Así, la capacidad y necesidad de movimiento eficiente es atendida por la educación física, sin excluir efectos en otros campos, ni limitándose sólo a lo corporal sino trascendiendo en la formación de un carácter, de una personalidad.

Forma de educación	A través de	Por ejemplo
Educación intelectual	Conocimientos, información	La historia, la literatura
Educación científico técnica	Problemas, tareas, razonamiento lógico	Las matemáticas, la geometría
Educación moral	Vida cotidiana con respeto a normas	La familia, la escuela, la religión, la ética
Educación física	Formas de ejercitación organizada aprendizaje de habilidades motoras, deportivas, etc. Desarrollo de cualidades físicas: fuerza y resistencia, etc.	Juegos, deportes, gimnasia
Educación estética	Apreciación de la belleza, del arte	Literatura, pintura, canto.

Es conveniente hacer notar que no se reduce la intención de las formas de educación a su campo particular, sino que afectan e influyen en las otras formas. Ejemplo: al aplicar la educación física siempre tiene algo o mucho de educación intelectual, moral, estética, etc.

Hoja No. 7

Concepto de educación física

Ante los múltiples conceptos de la educación física, aquí se presentan dos: uno elemental que puede ser utilizado en los primeros grados y en segundo concepto con mayores características.

Por los problemas que pudieran presentar demasiados conceptos, René Hubert recomienda en el concepto de educación identificar las características comunes. Este mismo ejercicio proponemos para nuestra área:

Características comunes del concepto de educación física

- Todos se refieren a la ubicación de la educación física como parte de la educación general armónica.

- Ciencia aplicada, es decir, tiene su fundamento en el conocimiento científico: dosificación del ejercicio, funcionamiento orgánico, intensidad del ejercicio, etapas de desarrollo del educando, intereses, etc.

- Todos los conceptos hablan de utilizar el ejercicio físico sistemático como su medio fundamental.

- Este ejercicio físico se clasifica para convertirse en grupos o familias de ejercicios: juegos, deportes, diferentes tipos de gimnasia, etc.

- Su fin es formar, desarrollar, perfeccionar, en concreto utilizar el ejercicio físico para educar. En todas las esferas de la personalidad del individuo.

Componentes de la educación integral

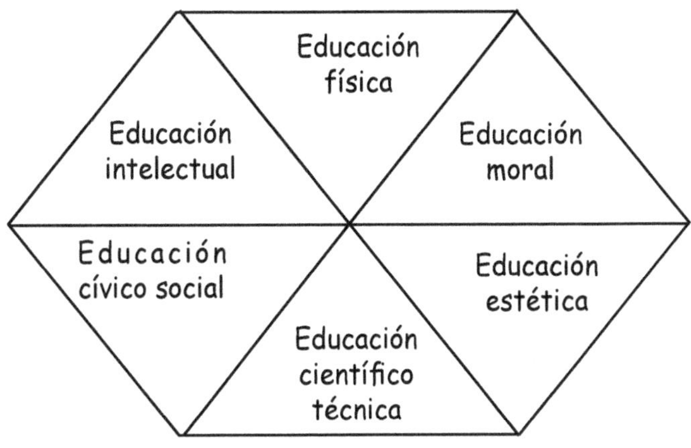

Concepto

¿Qué es educación física?

Disciplina pedagógica que aprovecha los medios físicos para educar.

Es parte de la educación general que utiliza el ejercicio físico sistemático a fin de coadyudar a un desarrollo: físico, mental emocional y social en el individuo.

Hoja No. 8

Objetivos fundamentales

(De acuerdo al manifiesto mundial de educación física de la federación internacional de educación física).

Cuerpo sano y equilibrado

Se refiere a la necesidad de un entrenamiento racional de las funciones de adaptación que facilite resistir las diversas agresiones del medio físico y social; nos habla de una *salud siempre renovada, estado superior al de la simple ausencia de enfermedad*.

Aptitud para la acción

Se basa en el desarrollo de las cualidades psicomotrices: cualidades perceptivas, conocer su cuerpo, agudeza de los sentidos), las cualidades motrices (velocidad-fuerza, resistencia ...) Para facilitar la adaptación a las actividades de la vida ordinaria, de la vida profesional, así como las actividades físicas realizadas durante el tiempo libre, esto es, formar individuos *aptos* para responder a múltiples requerimientos de movimiento con calidad. Proporcionando un amplio repertorio de este tipo de experiencias. Un ejemplo: si somos invitados a participar en un juego de voleibol, si disponemos de los elementos básicos, podemos participar y gozar esas acciones. En caso contrario aparecerán una serie de sentimientos inadecuados: inadaptación, frustración y un *sufrir con mi cuerpo*.

Reiteramos: Cualquier niño normal tiene derecho y es apto para desarrollar en buena forma sus habilidades motoras. En gran parte dependerá del método y la motivación que aplique el docente para integrarlo a una vida participativa. Aquí está el fundamento del nacimiento de una cultura física en nuestra sociedad.

Valores morales

El tercer objetivo nos menciona que es necesario enfatizar una educación a través de valores desde la misma clase, donde se recomienda un clima ético y se fomente la responsabilidad, el respeto, la autodisciplina, la cooperación.

Dice el manifiesto mundial de educación física de la federación internacional de educación física: *será cuestión de despertar y mantener, cada vez con mayor intensidad, el entusiasmo físico y el sentido de lo que una vida sana representa, para poder luchar contra los grandes vicios que son el alcoholismo, la drogadicción, la pereza física, la falta de entusiasmo, etc.*

Aspectos axiológicos de la educación física (de axios-valor y logo-tratado)

Contribución de la educación física a través del desarrollo de valores utilizando el deporte, el juego, los diferentes tipos de gimnasia, etc.

Valores vitales	Valores individuales
• Salud • Vigor • Capacidad orgánica • Higiene • Sentirse apto	• Honestidad • Respeto a las reglas • Creatividad • Espíritu de superación • Orgullo propio • Autodisciplina • Fairplay
Valores sociales	Valores técnicos
• Cooperación • Solidaridad • Generosidad • Orgullo de pertenencia	• Responsabilidad • Obra bien hecha • Entusiasmo por el esfuerzo físico

Al dar una explicación breve de los distintos valores, se sugiere ilustrar con ejemplos prácticos: la cooperación de un equipo, el respeto de las reglas, la superación personal para mejorar una marca o tiempo, la responsabilidad que se necesita para llegar a una meta.

Esquema adaptado para educación física basado en García Hoz, Víctor y Jiménez Alarcón.

Objetivos de la educación física

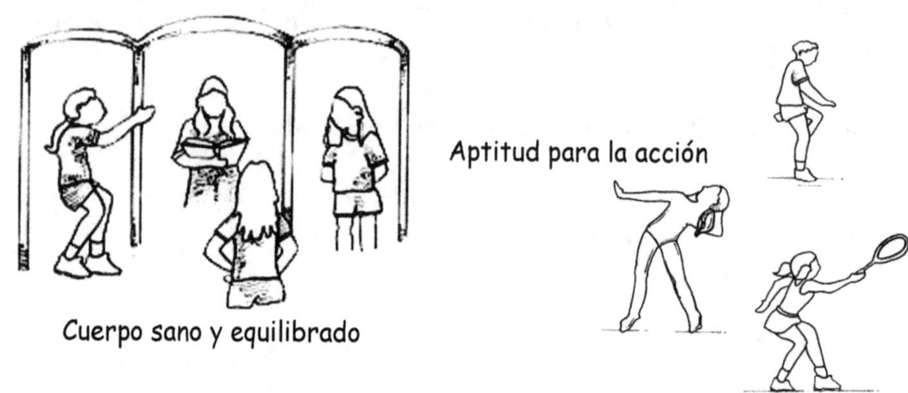

Valores morales

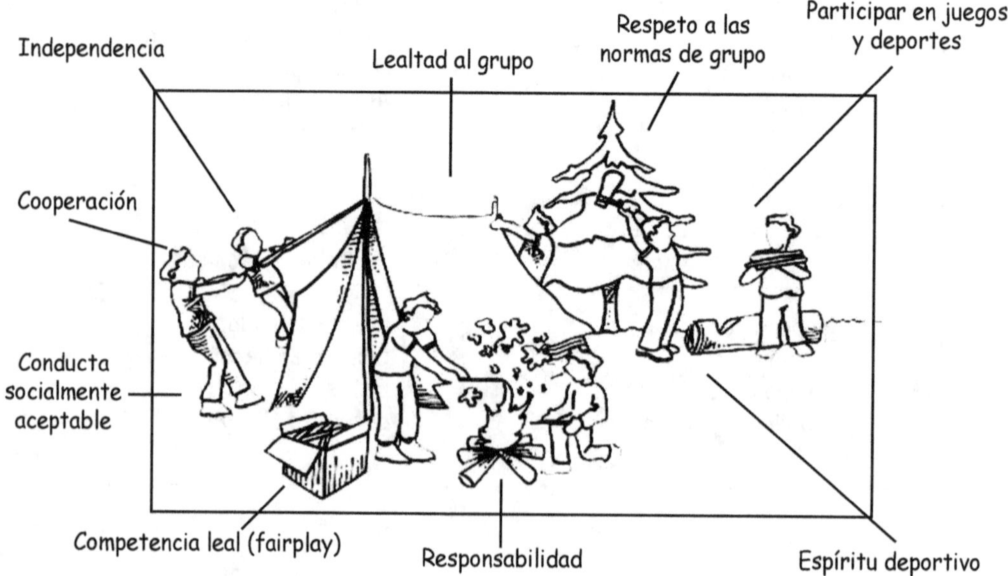

Manifiesto mundial de la educación física (FIEP)

Hojas No. 9, 10 y 11

Medios de la educación física

El ejercicio físico sistemático se limita al juego o al deporte, aunque son sus principales exponentes, es necesario resaltar la gran variedad de posibilidades de movimiento en el ser humano, que se podría elaborar una relación muy grande.

Para efectos didácticos de organización y motivacionales en el estudiante, se pretende construir ideas que impidan hacer el ejercicio monótono, aburrido, lo que posiblemente lo alejaría, en un nivel óptimo, la educación física deberá dejar espacios para la creatividad a través del movimiento, una vez que se han establecido las bases suficientes en calidad y cantidad. Nos dice Mary Helen Vannier que el ejercicio debe *ofrecer la posibilidad de retos, emoción, aventuras.*

A continuación se presenta un esquema de los medios y sus principales características con algunos ejemplos:

Medios	Características	Ejemplo
Juego	• Espontáneo • Pocas reglas/convencionales • Todos participan • Gusto, placer al ejecutarlos • Necesidad del niño	• La roña, el gato y el ratón. • Juegos con pelota adaptados • Policías y ladrones • Burro corrido
Deporte educativo (para todos) Sinónimos Deporte-juego Deporte-recreativo	• Reglamento adaptado a nivel y características del estudiante • Incluye a todos, no selecciona es parte de la clase de educación física. • Forma a través de valores • Aprendizaje de habilidades deportivas básicas para entregarse al juego deportivo. • Incluye la iniciación deportiva, la competencia, inicial (deporte - juego), y el entrenamiento deportivo.	• Atletismo • Basquetball • Softbol y beisbol con pelota blanda (incrediball) • voleibol • Deportes con raqueta • Hockey • Otras posibilidades

Medios	Características	Ejemplo
Predeporte	• Introducción a la práctica deportiva en la escuela primaria • Conocimiento de las primeras reglas y normas del juego • Motivación a la participación • Evita en la primera etapa las especializaciones (vínculo, juego, deporte)	• Todas las opciones de acuerdo a las posibilidades • Unigol, juegos de "21", futbeis, teebol, coladeras, voleibol cachado.
Gimnasia	• Procura el desarrollo armónico corporal • Se subdivide en diferentes tipos	• Artística • Rítmica • Natural
Ejercicios de organización (orden y control)	• Ubicación ordenada del grupo • Pasar de la desorganización a la organización • Sirven de apoyo para el trabajo docente	• Firmes, descanso • saludo • Marchas y evoluciones • Se alterna con ejercicios dinámicos
Psicomotricidad	• Desarrolla el esquema corporal • Incrementa la coordinación neuromotora • Fundamenta una cultura ecológica	• Manejo de implementos • Diferentes tipos de gimnasia • Relación cuerpo - objeto
Actividades en la naturaleza	• Libres y espontáneas • Contacto directo con la naturaleza • Fomentar una cultura ecológica	• Campismo • Excursionismo • Actividades acuáticas • Caminatas de exploración-orientación
Rítmica corporal	• Coordinación, movimiento corporal con música • Creación de ritmos con sonidos corporales (uso de apoyos, palmadas, tambor, instrumentos, etc.)	• Utilización de métodos de bailes, danzas y rondas • Tablas rítmicas • Trabajo individual creativo

Medios de la educación física

Característica común

Ejercicio físico sistemático, para educar

Recreación física
Juegos predeportes

Deporte escolar para todos

Ejercitación en la naturaleza
* campismo
* excursionismo
* recreación acuática

Ejercicios rítmicos
* danzas
* tablas

Psicomotricidad
* educación psicomotriz

Gimnasia
* natural
* acrobática
* básica

Medios de la educación física

Recreación física
{ juegos organizados
predeportes
ejercitación libre

Actividades rítmicas
{ bailes { populares / folklóricos
danzas
rondas

Deportes
{ técnicas deportivas
deporte escolar (para todos)
entrenamiento deportivo
experiencia en equipo

Ejercicios de organización
{ Posiciones
formaciones
marchas y evoluciones

Ejercitación en la naturaleza
{ Campismo
Excursionismo
Recreación acuática

Gimnasia
{ básica
natural
otras

{ acrobática
rítmica

artística
especial
{ rehabilitación
laboral

Hojas No. 12, 13, 14 y 15

Sugerencia de contenidos básicos para un programa

Un diseño curricular debe estar orientado a atender de una manera diversificada las necesidades biopsicosociales del alumno.

Biológicas: De movimientos múltiples, de energía, de experiencias amplias, de atención a las cualidades físicas y motoras.

Psicológicas: Vencer retos, lograr éxitos, aprendizaje motor y dominio de técnicas.

Sociales y culturales: Aprender deportes, integrarse a una cultura, desarrollo social y la promoción de un hábito positivo en el tiempo de ocio (hacia una educación física permanente).

Todo esto, aplicado a través de los métodos de la educación física para favorecer los procesos de madurez y desarrollo senso perceptual y motor, lo que obliga a proponer alternativas y opciones que enriquezcan los contenidos de los programas aprovechando que no son documentos estáticos, debido a que una de sus características es su flexibilidad.

Programa

Consideraciones

- Fundamentar el trabajo con una base teórica, un conocimiento que estreche la relación del trabajo físico con el trabajo intelectual, *saber para comprender*.

- Atender primero el desarrollo de las bases individuales: ejercicios atléticos y gimnásticos.

- Atender la necesidad de aprender bien un deporte (de un menú amplio de posibilidades). Hablamos de deporte educativo, por su trascendencia social y cultural a través del ejercicio de habilidades y destrezas.

- Preocuparse por las cualidades físicas: estimular e incrementar la resistencia, fuerza, flexibilidad, velocidad y agilidad.

- Atender la necesidad del educando hacia el juego, espontáneo y dirigido.

- Estimular tanto la participación individual (atletismo, gimnasia) como saber *hacer equipo* (actividades estimuladas a través de componer una porra, escoger un lema, diseñar un escudo, etc.) Además de promover la *participación de todos* en un torneo interno de grupo.

Contenidos principales del programa de educación física

1a unidad

a.
    Información
    Clases teóricas
        Organización

b.
    Prueba de capacidad física

2a unidad

Atletismo

Clase-contenido (esquema clásico)

* Ejercicios de organización

* Preparación neuromuscular

* Acondicionamiento físico (cap. fis. condicionales)

* Técnicas deportivas (cap. Fis.Coordinativas)

* Juegos

* Relajación y conclusiones

Carreras:

Múltiples formas técnicas atléticas

Evaluación

3a unidad

Atletismo

Atención a cualidades físicas:

- Fuerza
- Resistencia
- Flexibilidad
- Velocidad

Distribución y dosificación a lo largo del curso

Además todos los contenidos de una clase

a.   Múltiples formas
- Saltos

b.   Técnicas atléticas
- Longitud
- Triple
- Altura

Aprendizaje ➜ Práctica ➜ Evaluación medición de salto

4a unidad

Atletismo

Aplicación:

- Competencia educativa
- Juegos
- Predeportes

Contenidos-clase

Lanzamientos

a. Múltiples formas

    Bala
    Pelotas: tenis, béisbol, softbol.
    Bola medicinal

b. Técnicas atléticas
    Evaluación: medir y apreciar lanzamientos.

5a unidad

Evaluación: presentación de la liga de gimnasia

Ejemplo: saludo, salto vertical en *a*, rodada al frente en *c*, giro y rodada atrás en *c*, atrás abierta, giro y parado de cabeza, saludo.

Contenidos-clase

6a unidad

- Habilidades motoras del basquetball

Aprendizaje → Práctica → Juego
↓ ↓
Habilidades
motoras
básicas

- Disfrute del juego
- Dominio
- Pequeños éxitos

Contenidos-clase
Participación en equipo

7a unidad

> **Voleibol**
>
> **Volibol-Volleyball**

- Aprendizaje de habilidades motoras
- Práctica
- Juego

Contenido-clase
Participación en equipos

8a unidad

> **Predeportes**
> **Juegos**
> **Circuitos deportivos**

- Muestras pedagógicas

  y

- Ceremonia de clausura

Iniciación deportiva

- Béisbol
- Balonmano
- Fronttenis
- Hockey
- Tchoukbol
- Fútbol

Aplicación y experiencias
motivantes de lo aprendi-
do en un año.

• Alumno hábil (re-
pertorio amplio de
habilidades)

Requisito: llevar secuencias metodológicas de aprendizaje acumulación de experiencias

Hojas No. 16 y 17

Uso de materiales e instalaciones

La necesidad de fomentar el cuidado y uso adecuado de los materiales y equipo para educación física exalta el valor del respeto por los implementos de uso común: pelotas, colchones, bastones, etc. En muchas ocasiones escasos, deben tener una política orientada por parte de los estudiantes y maestros. Siendo esto una labor cotidiana de toma de conciencia.

Instalaciones

Mejorar, crear, modificar espacios, promoviendo verdaderos *patios didácticos,* para educación física, con el óptimo aprovechamiento de paredes, pisos, áreas con el diseño de estas ayudas didácticas se posibilita una clase más dinámica y variada. Será este un buen momento para iniciar su aplicación.

Es recomendable planear un recorrido con los estudiantes de reciente ingreso para que conozcan zonas de trabajo, oficina de educación física, vestidores, canchas, etc.

El material de educación física es tuyo, cuídalo para que tu clase sea más productiva y dinámica.

Uso de materiales e instalaciones

Material deportivo, material didáctico

Normas de uso y cuidado

- Balones
- Colchones de gimnasia
- Cuerdas
- Pelotas
- Bastones

Deteriora el material:

- Patear los balones de voleibol
- Arrastrar los colchones de gimnasia
- etc…

Instalaciones
Identificación y reconocimiento

Patios
Canchas deportivas:
Futbolito-basquetball-volibol-etc.
Gimnasio
Auditorio
Oficinas de educación física
Bodega del material para E. F.
Vestidores
Servicio médico

- Los estudiantes del primer ingreso harán un recorrido de las instalaciones más comunes para la clase práctica de educación física.

- *Bodega:* El acceso y el empleo del material se regirá por las normas establecidas.

- *Vestidores:* El acceso y permanencia será a través de un reglamento.

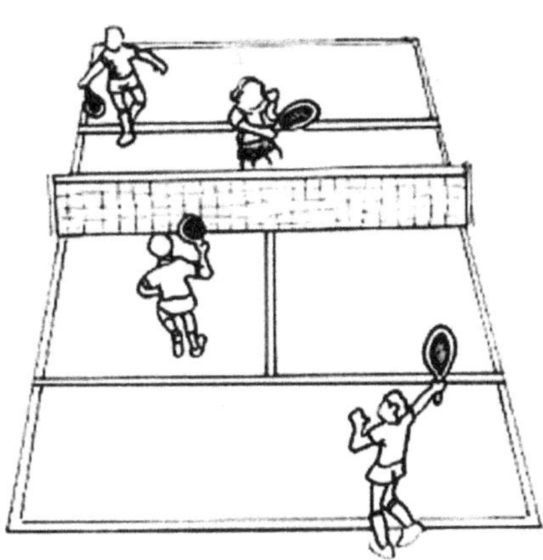

Hoja No. 18

Temas de reflexión en relación a la educación física

Campaña contra el cigarro

Educación física y tabaquismo no se llevan, es trascendental en estas etapas formativas de la niñez y juventud tomar este tema de análisis y reflexión.

Los trabajos pueden estar orientados a:

- Describir las causas que conducen al tabaquismo.

- Sugerencias para que los jóvenes eviten este problema.

- Investigaciones sobre datos y características (encuestas de opiniones....)

- Qué se ha hecho, qué se puede hacer para evitar el tabaquismo.

Educación física y ecología

En este tema, se sugiere que el profesor introduzca a los estudiantes *en una reflexión sobre la relación del cuerpo humano con el medio físico: la naturaleza, la conservación de áreas como los ríos, montañas, y las observaciones de zonas utilizadas para el campismo y el excursionismo deterioradas cada día por falta de una conciencia ecológica.* Se puede generar la participación de los estudiantes a través de la aportación de sus propias experiencias y alternativas de solución.

Nota: los temas expuestos serán flexibles, tomando en cuenta la problemática particular de cada situación.

Temas de reflexión

1. Educación física y ecología

El cuerpo humano y su relación con el medio ambiente.

Deterioro: cuidado de áreas naturales

Zona de campismo excursionismo y recreativas

Tareas sugeridas: elaboración de ensayo de preguntas: ¿cómo se han deteriorado las regiones naturales? ¿Cuál es mi compromiso?

2. Tabaquismo

Campaña permanente contra el tabaquismo

Perjuicios y daños a la salud

¿La adolescencia, porcentaje grande de fumadores?

¿Qué contribución puedo hacer para evitar el tabaquismo?

3. Sedentarismo

- Conducta en la ocupación del tiempo de ocio

- Alternativas

Tarea sugerida:

- Ensayo

- Periódico mural

- Concurso de cartel

Hoja No. 19

Cuestionario de educación física

El cuestionario pretende servir como apoyo para reflexionar y concluir esta etapa de conocimiento teórico, a través de evaluación-autoevaluación. Mas que *calificar*, el maestro deberá usarlo para observar qué tanto *hizo pensar* a sus estudiantes sobre la trascendencia de la educación física en el tiempo sedentario actual.

Es recomendable que las tareas o trabajos de investigación documental en educación física se apeguen a una realidad de carga académica en relación con las demás materias, evitando la saturación teórica innecesaria, pues resulta de poca trascendencia encargar a los estudiantes *memorizaciones* de reglamentos deportivos completos, dejando a un lado la información que propicia un *aprendizaje significativo*, enfatizamos que: ayude a *reflexionar, pensar y crear conciencia*.

Sugerencias de organización

- El cuestionario puede ser contestado individualmente

- Puede ser contestado por parejas

- Puede ser contestado en equipos de trabajo basado en el tiempo disponible, se pueden leer las respuestas y comentarlas y ampliarlas con la participación de otros equipos e individuos.

- A través de las clases prácticas, los conocimientos de esta etapa serán reafirmados y ampliados.

- Se fija la fecha para la presentación de los temas teóricos vistos y el desarrollo a través de su trabajo escrito e ilustrado (como parte de la evaluación de esta unidad).

- Se da información sobre la aplicación de las pruebas de capacidad física de carácter diagnóstico para iniciar el programa práctico de educación física, además de recomendaciones sobre detalles específicos: ropa, especificación de pruebas, formato de datos, etc.

Bibliografía recomendada para estudiantes (textos elegidos por maestros de fácil acceso)

Cuestionario

Autoevaluación

* Motivar la reflexión

* Información

* Toma de conciencia

1. ¿Para qué utilizaba el hombre primitivo el ejercicio físico?

2. ¿Qué es el sedentarismo?

3. ¿Qué recomendarías a familiares y amigos para promover su salud?

4. ¿Recibes beneficio con la práctica del deporte? ¿Cuáles?

5. ¿Qué consecuencias ocasiona el tabaquismo?

6. ¿Qué perjuicios a tu salud te genera la falta de ejercicio?

7. ¿Describe dos ejercicios que incrementen tu fuerza y resistencia?

8. ¿Qué valores morales adquieres a través de la educación física?

Hoja de diario
Registro de avance de temas

Clases/ Grupos	1	2	3	4	5	Observaciones
T e m a s v i s t o s						

Nota:

Se recomienda que la última sesión se dedique a la evaluación conforme a los criterios sugeridos.

Capítulo 1

Necesidades motrices en la edad infantil

Necesidad de movimiento y capacidad de movimiento

Niños y niñas en edad escolar tienen la necesidad de moverse.
Niños y niñas en edad escolar tienen la capacidad de moverse.

Estas dos realidades tan simples bastarían para justificar una preocupación seria por la educación física escolar, en un sistema educativo que mantienen que la satisfacción de las necesidades infantiles y desarrollo de las potencialidades se hallan entre sus objetivos prioritarios.

Pocas cosas podemos decir que no hayan sido dichas ya sobre la necesidad de movimiento de los niños. La comparación con el dinamismo de los animales jóvenes, la descripción de la particular actividad cerebral infantil, la exigencia fisiológica en relación con las demandas de las funciones del organismo, la natural tendencia a la exploración, etc., son los argumentos que suelen darse en defensa de este impulso al movimiento. Sin embargo cualquier persona que esté en contacto con niños y niñas, que conviva con ellos, no precisará de muchos argumentos para convencerse de que esta actitud, contraria al quietismo, es una realidad.

Pensemos, por otra parte, en la capacidad que posee la persona joven de moverse. Niños y niñas pueden moverse, el movimiento forma parte de su misma condición de seres vivos. Este movimiento no es único y estable, sino que evolucionará a lo largo del crecimiento y desarrollo de la persona condicionado por el grado de madurez y por la misma experiencia del movimiento.

De esta manera, si realizamos un recorrido por la motricidad infantil, nos encontramos con que el recién nacido posee una serie de respuestas que no son aprendidas y que conocemos como reflejos (succionar, marcha automática, presión, etc.), al tiempo que le es posible realizar acciones más generalizadas, coordinando distintas partes del cuerpo. La mayoría de los reflejos del recién nacido irán desapareciendo, dejando paso a nuevos movimientos que surgirán como consecuencia de la maduración del sistema nervioso. Así, en torno a la locomoción y a la manipulación de objetos, el niño irá construyendo una motricidad básica que se irá transformando con la edad, organizándose con ello todo un repertorio de respuestas motrices. Los elementos culturales influirán, igualmente, en los aspectos cualitativos de esta motricidad, de forma que el niño (y también la persona adulta) podrá adquirir nuevos modelos de movimiento y modificar aquellos que ya poseía, mediante determinados aprendizajes.

Tengamos presente, por otro lado, que cuando el niño es capaz de realizar un nuevo movimiento, lo hace con base a una experiencia de movimiento ya adquirida. Los diferentes estudios realizados sobre el tema entienden el desarrollo motor como un proceso de construcción de nuevos programas. El niño está dotado de un repertorio de movimientos básicos, cuyo tratamiento, a través de la experiencia, le permite realizar tareas cada vez más complejas.

Con base en esta reflexión surgen dos preguntas:

¿Cómo puede el adulto intervenir en el desarrollo de esta capacidad?

- Pues, sencillamente, potenciando una diversidad de experiencias sobre las que se pueda apoyar la evolución de la conducta motriz y facilitando una serie de aprendizajes que permitan que ésta se vaya modificando.

¿Hacia dónde debe ir dirigida esta modificación de la conducta motriz?

- Por un lado, hacia el enriquecimiento y la efectividad del gesto, lo cual posibilitará una mejor relación del niño con su entorno físico. El niño podrá, entonces, resolver problemas motrices cada vez más complejos, obteniendo satisfacción, seguridad en sí mismo.... y, sobre todo, la alegría que proporciona la utilización y dominio del cuerpo en movimiento.

- Por otro lado, hacia la consecución de un gesto más expresivo, lo cual posibilitará una mejor relación del niño con los demás. La comunicación se verá favorecida, al tiempo que la expresión auténtica (sincera, liberada) abrirá un camino para que el niño halle un equilibrio entre su propia vida afectiva y la relación con los demás.

Actitud del maestro frente a la educación motriz

La conducta motriz interviene de forma determinante en la actividad escolar infantil. En preescolar, cualquier propuesta pedagógica involucra globalmente al niño, comprometiendo su capacidad de movimiento, en la medida en que los estudiantes de estas edades no han completado todavía la organización de su motricidad básica y cada uno de los movimientos a realizar supone un problema de coordinación, de colocación postural, de organización espacial..., a superar. Pensemos por ejemplo, en el niño o niña que llega por primera vez a la escuela. En primer lugar, se hallará ante un nuevo espacio totalmente desconocido que tendrá que organizar. Deberá realizar, además, infinidad de pequeñas tareas motrices, algunas de las cuales representan una total novedad: abrocharse la bata, atarse los zapatos, transportar objetos, organizar materiales, sentarse en una determinada postura ante la mesa de trabajo, utilizar el lápiz en el dibujo y la escritura, jugar con los compañeros en el tiempo de recreo... Algunas de estas acciones se prolongarán como problema motriz durante los primeros años de la educación primaria. A todo ello podríamos añadir el hecho de que cada vez resulta más difícil entender el aprendizaje, cualquier tipo de aprendizaje, sin una intervención activa de la persona, intervención que en la mayoría de los casos requiere una actividad corporal. El cuerpo no es ya, en educación, el soporte estático de una mente receptiva, sino que adquiere su protagonismo en una concepción unitaria de la persona. No se trata aquí, sin embargo, de argumentar a favor de la globalidad de la persona, ya que este tema parece estar perfectamente integrado en los medios pedagógicos sino de presentar elementos que sirvan de base a las consideraciones que se expresan a continuación.

Si la conducta motriz interviene en el conjunto de la actividad escolar infantil, ¿por qué relegar su educación, exclusivamente, a las dos horas semanales —en el mejor de los casos— de educación física? El maestro que conozca a sus estudiantes, que posea recursos en torno al movimiento corporal, podrá incidir favorablemente en innumerables situaciones. La intervención del maestro se hace necesaria, en muchas ocasiones, para ayudar al niño a proyectar sus acciones, para reconducir actividades, sugerir otras nuevas, enriquecer, en resumen, con sus propuestas, el repertorio motriz del niño.

Pongamos un ejemplo.... Un niño de preescolar, durante el recreo descubre que es capaz de saltar desde el segundo peldaño de la escalera hasta el suelo, siente una gran satisfacción y repite la acción una y mil veces. El maestro, que le observa, sugiere: *A ver si eres capaz de saltar moviendo los brazos como un pájaro; ¿Y dando una palmada en el aire? ¿A que no eres capaz, ahora, de hacer medio giro?* Esta intervención propia de cualquier maestro con un mínimo de *chispa* pedagógica, habrá posibilitado que el niño descubra nuevas formas de salto y que mejore, al mismo tiempo, su coordinación dinámica general.

Conozcamos a nuestros estudiantes

Se ha dicho a menudo que el principal requisito para ser un buen maestro es conocer a los estudiantes. Esta premisa es perfectamente aplicable en el campo de la motricidad. Si queremos ayudar a nuestros estudiantes a que progresen en el ámbito motor, será necesario que sepamos en cada momento lo que son capaces de hacer, las actividades que más les motiva, aquellas que les resultan más complejas, las que más les interesa... Debemos poder intuir cómo responderán ante nuevas propuestas, debemos poder interpretar sus reacciones. La principal vía para conseguirlo será evidentemente la convivencia de cada día con los estudiantes, donde la observación y la reflexión sobre las manifestaciones de los niños juegan un papel fundamental. En un intento de ayudar en esta tarea, se adjuntan a continuación unos cuadros descriptivos del desarrollo del niño en las edades que, en este caso, nos interesan.

	Desarrollo cognitivo, según Piaget	Desarrollo socioafectivo, Según Wallon
3 años	– Fase conceptual, el niño construye símbolos, utiliza lenguaje, realiza juegos simulados. Adquiere la función simbólica	– Crisis de oposición e inhibición • Actitud de rechazo como una protección de la autonomía. • Adquiere conciencia de sí mismo (el yo, el mí, el mío adquieren todo su sentido).
4 años	– Pensamiento irreversible: se centran en los estados en detrimento de las transformaciones.	– Período de gracia • Edad del narcisismo. El niño intenta que se fije la atención sobre él, busca la admiración, se autoadmira.
5 años	– Razonamiento precausal e intuitivo	• Imitación. Busca una sustitución de sí mismo a través de la imitación. Imita en general al adulto, a la persona admirada. En todo este período, el niño permanece profundamente inserto en su medio familiar. Cobra vital importancia las relaciones familiares.
6 años	– Los estados se comprenden como resultantes de transformaciones, pero sin un sistema de conjunto coherente (seriaciones por tanteo, semiconservación...)	• Personalismo polivalente, diversificación del Yo escolar, Yo familiar, Yo de la pandilla...
7 años	– Progresiva descentralización – Inicio del pensamiento reversible	• Ajustando su conducta a las circunstancias particulares tendrá conciencia de sus virtualidades y tendrá un conocimiento más preciso y complejo de sí mismo.
8 años	• Coordinación interiorizada y reversible de los esquemas de acción. • Operaciones simples, siempre muy concretas.	

	Desarrollo cognitivo según Piaget	Desarrollo socioafectivo según Wallon
	• Conservación de invariables concretas. • Razonamiento lógico.	
3 años	A través de la acción la presión se hace cada vez más precisa, estando asociada a los gestos y a una locomoción cada vez más coordinada,	"Camina erguido y se muestra seguro y ágil sobre sus pies. Camina más que corre. Puede pararse momentáneamente en un solo pie. Lanza una pelota sin perder el equilibrio. Galopa, salta, camina y corre al compás de la música".
4 años	Motricidad y cinestesia permiten al niño el conocimiento y por ende la utilización cada vez más diferenciada, cada vez más precisa de su cuerpo por completo.	
5 años	La relación con el adulto es siempre un factor esencial de esta evolución que permite al niño desprenderse del mundo exterior y reconocerse como individuo	"Muy activo, cubre mayores extensiones. Sube y baja corriendo las escaleras. Maneja su triciclo a máxima velocidad. Goza de las actividades que requieren equilibrio. Lanza una pelota pasando la mano por encima de la cabeza. En ritmos, interpreta y demuestra sus propias respuestas".
6 años	El niño pasa del estado global y sincrético al de la diferenciación y análisis. La asociación de las sensaciones motrices y cinestésicas a los otros datos sensoriales, especialmente visuales, permiten pasar progresivamente de la acción del cuerpo a la representación; viene entonces: – El desarrollo de las posibilidades de control postural y respiratorio. – La afirmación definitiva de la lateralidad.	"Hay mayor facilidad y dominio de la actividad corporal general, mayor economía de movimientos. Camina apoyando primero los talones.

	Desarrollo cognitivo según Piaget	Desarrollo socioafectivo según Wallon
7 años	– El conocimiento de la derecha e izquierda – La independencia de los brazos con relación al tronco....	"El dominio de los músculos grandes aún es mayor que el de los pequeños. Le agrada trepar".
8 años	"Gracias a la toma de conciencia de los diferentes elementos corporales y el control de su movilización con vistas a la acción, se desarrollan: • Posibilidades de relajamiento • Independencia brazos y piernas, en relación al tronco • Independencia derecha/izquierda • Independencia funcional segmentos • Transposición del conocimiento de sí al conocimiento de los demás"	"Muy activo; está casi constantemente en movimiento. Actividad a veces torpe, pues se excede y cae rodando. A menudo, se le encuentra luchando, revolcándose, caminando en 4 patas y peleando con otros niños, o jugando al caballo. Hace saltar una pelota, la arroja al aire y, a veces, la vuelve a coger con éxito". "Muestra mayor precaución en numerosas actividades motrices gruesas. Actividad variable: a veces es muy activo; otras completamente inactivo. Repite persistentemente sus ejercicios. Le agrada galopar y correr al compás de la música". "El movimiento corporal es más grácil y más rítmico. Consciente de la postura propia y ajena".

La globalización

De la misma manera que el maestro no tiene porqué limitar la educación motriz de sus estudiantes a la sesión de educación física, pudiendo prolongarla a otros momentos de la jornada escolar y bajo la perspectiva de otras materias curriculares tal como se ha dicho anteriormente, la educación física también puede ofrecer numerosas aportaciones a otras áreas de educación infantil.

No quisiéramos en este apartado ensalzar el valor de la educación física atribuyéndole efectos maravillosos en las diversas materias escolares, sino simplemente reflexionar acerca de las posibilidades de globalización relacionados con la educación física.

En una época reciente, en que la educación física no estaba tan bien considerada por una sociedad que sobrevaloraba, en una interpretación dualista del individuo, lo intelectual con respecto a lo corporal, la educación física intentaba justificarse por sus aportaciones al ámbito cognitivo. Actualmente, sin embargo, se le da más importancia a la especialidad de la materia, valorando en primer lugar aquellos aspectos que favorecen el comportamiento motriz. Así lo indican, por ejemplo, estas palabras de Andrea Imeroni: *no veo que sea tan escandaloso pensar en los aprendizajes motores, no únicamente como instrumentos útiles para la inteligencia futura o como soportes actuales o futuros de la actividad laboral, sino también como instrumentos actuales y futuros de placer individual y colectivo.*

Todo ello no impide, sin embargo, que si seguimos creyendo en la necesidad de la educación global en primeras edades, aún respetando la especificidad de la educación física, intentemos analizar los puntos de conexión que presenta con otros ámbitos educativos:

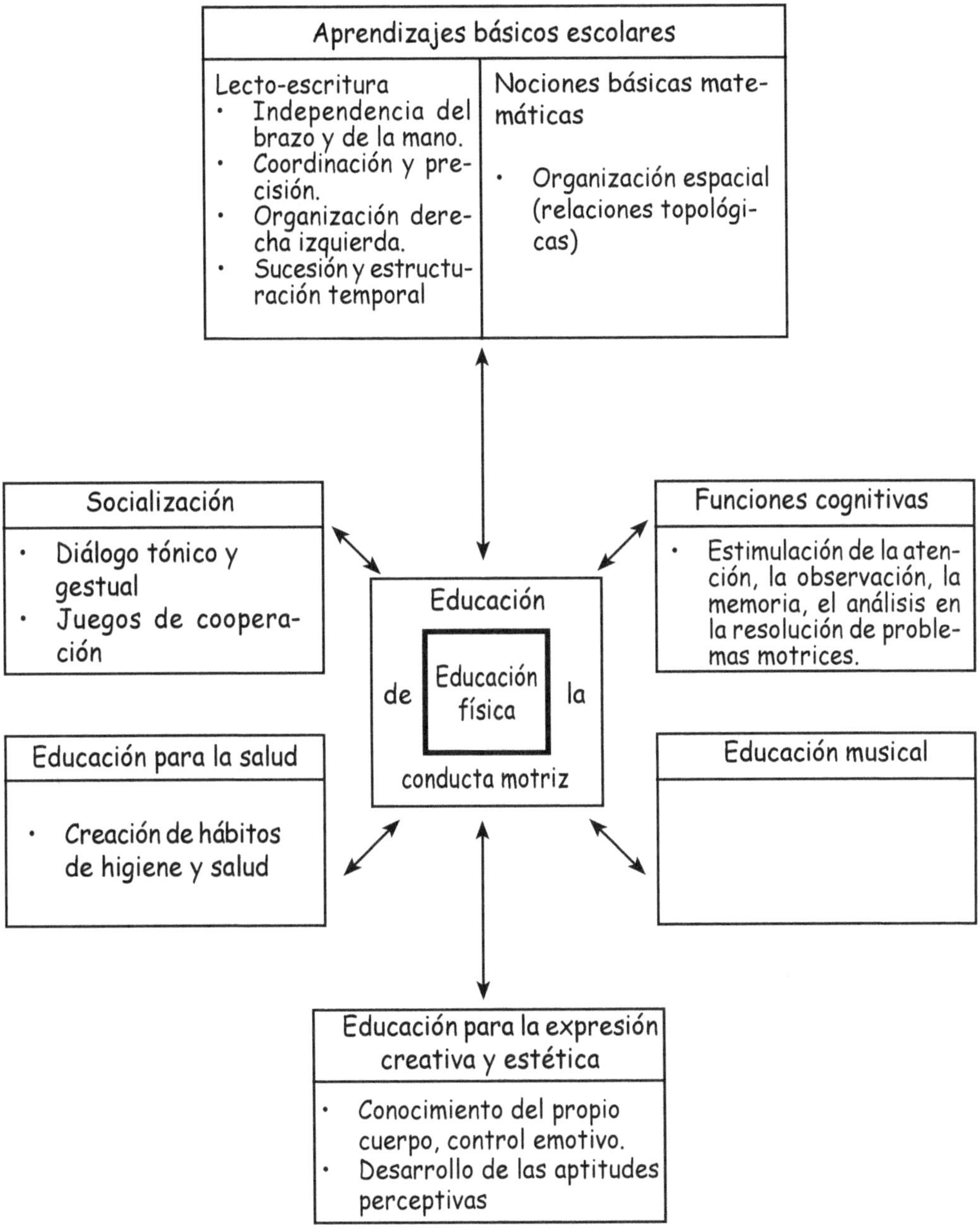

Aprendizajes básicos escolares	
Lecto-escritura • Independencia del brazo y de la mano. • Coordinación y precisión. • Organización derecha izquierda. • Sucesión y estructuración temporal	Nociones básicas matemáticas • Organización espacial (relaciones topológicas)

Socialización
- Diálogo tónico y gestual
- Juegos de cooperación

Funciones cognitivas
- Estimulación de la atención, la observación, la memoria, el análisis en la resolución de problemas motrices.

Educación para la salud
- Creación de hábitos de higiene y salud

Educación musical

Educación **de** **Educación física** **la** conducta motriz

Educación para la expresión creativa y estética
• Conocimiento del propio cuerpo, control emotivo. • Desarrollo de las aptitudes perceptivas

Capítulo 2

La educación física escolar

Bases para una programación

Al reconocer la importancia del comportamiento motriz en el desarrollo de la persona,

- Como forma de utilización y dominio del cuerpo.

- Como base para el conocimiento del mundo real y para la construcción de la personalidad, surge la necesidad de sistematizar su educación en los programas escolares.

Es posible distinguir dos niveles de actuación en educación física. Un primer nivel hará referencia al desarrollo de las capacidades motrices entendidas como potencialidades de la persona (condición física-aptitudes de perceptivo-coordinativas). Un segundo nivel se centrará en la adquisición de nuevos modelos de movimiento (aprendizaje de habilidades y destrezas motrices). Ambos niveles estarán íntimamente ligados y se complementarán en el proceso educativo.

En forma de generalización podríamos decir que la educación física en los primeros cursos (preescolar-ciclo inicial) debe dirigirse hacia un enriquecimiento del gesto motriz fruto del desarrollo de las aptitudes perceptivo-coordinativas, mientras que en los cursos más altos (ciclo medio-ciclo superior) se caracterizará por un refinamiento del gesto, proporcionado por la adquisición de aprendizajes más elaborados y por la mejora de las cualidades físicas básicas (fuerza, resistencia, velocidad, flexibilidad).

En ese proceso se verán implicados diferentes ámbitos del comportamiento humano, como pueden ser la expresión corporal, el comportamiento lúdico y el competitivo, la salud corporal, etc.

Traducir estas generalidades a objetivos educativos, seleccionando los contenidos adecuados, es lo que se propone el *curriculum* que se ofrece de la Reforma Educativa. En dicho Curriculum, la Educación Física adquiere matices distintos cuando se trata de la Educación Infantil (0-6 años) o de la etapa de Enseñanza Primaria (6-12 años). Dado que el presente libro abarca la franja de edad de 3 a 8 años, revisaremos a continuación los principales aspectos relativos a uno y otro caso.

En la Educación Infantil, la Educación Física no constituye un área con entidad propia. En coherencia con las características propias de la primera infancia y del carácter globalizador que ostenta la educación en estas edades, el curriculum infantil queda constituido por tres áreas:

- Identidad y autonomía personal.
- Descubrimiento del medio físico y social.
- Comunicación y representación.

Debemos tener en cuenta que en estas edades el comportamiento motor está presente en la mayoría de actividades de aprendizaje y desarrollo, con lo cual no deberíamos dejar de prestarle atención en ningún momento del proceso educativo.

En el Curriculum de Educación Infantil queda de manifiesto que *el conocimiento y control progresivo del cuerpo es una lenta pero fructífera etapa.* Por ello en el área de identidad y autonomía personal vemos sistematizada la forma en que el maestro puede ayudar en este proceso. Para ello se hace especial hincapié en la educación de las posibilidades perceptivas, en la coordinación y el control dinámico general, en las habilidades manipulativas, en los hábitos higiénicos y de salud, todo ello sin olvidar los aspectos relacionales y sociales de esta etapa que serán tan importantes en la construcción de la propia identidad.

En el área correspondiente a la comunicación y representación se considera que *la expresión dramática y corporal supone la utilización del cuerpo, sus gestos, actitudes y movimientos con una intencionalidad comunicativa y representativa.* Por ello los contenidos educativos y de sus posibilidades expresivas.

El descubrimiento de recursos expresivos, el ajuste del propio cuerpo a los diferentes parámetros tanto físicos como interpersonales que condicionan la

expresión, la manifestación de sentimientos, la representación de personajes...,
serán los ejes que marcarán la creación de las actividades de aprendizaje.

En la enseñanza primaria la Educación Física es considerada un área educativa.
Como tal persigue los siguientes objetivos generales:

"1.   Valorar su cuerpo y la actividad física empleando ésta última para organizar el tiempo libre y como medio de divertirse, de conocerse y de sentirse a gusto consigo mismo y con los otros.

2.   Utilizar sus capacidades físicas básicas y su conocimiento de la estructura y funcionamiento del cuerpo, en la actividad física y en el control de movimientos adaptados a las circunstancias y condiciones de cada situación.

3.   Resolver problemas que exijan el dominio de aptitudes y destrezas motoras aplicando mecanismos de educación a los estímulos perceptivos, de selección de formas y tipos de movimiento y de evaluación de sus posibilidades.

4.   Adoptar hábitos higiénicos, posturales, de ejercicio físico y salud manifestando una actitud responsable hacia su propio cuerpo y relacionando estos hábitos con sus efectos sobre la salud.

5.   Utilizar los recursos expresivos del cuerpo y del movimiento para transmitir sensaciones, ideas y estados de ánimo y comprender mensajes sencillos expresados de este modo.

6.   Regular y dosificar su esfuerzo llegando a un nivel de autoexigencia acorde con sus posibilidades reales y la naturaleza de la tarea que se realiza, así como utilizar el esfuerzo, y no el resultado obtenido, como criterio fundamental de valoración.

7.   Canalizar la necesidad de actividad física a través de su participación en diversos tipos de juegos con independencia del nivel de destreza alcanzado en los mismos, aceptando las normas y el hecho de ganar y perder, como elementos propios del mismo, cooperando cuando sea necesario, entendiendo la oposición como una dificultad para superar y evitando comportamientos agresivos y actitudes de rivalidad."

Los contenidos que se indican en el Diseño Curricular Base del Ministerio de Educación son los siguientes:

1. El cuerpo: imagen y percepción.
2. El cuerpo: habilidades y destrezas.
3. El cuerpo: expresión y comunicación.
4. Salud corporal.
5. Los juegos.

El bloque *El cuerpo: imagen y percepción* está constituido por contenidos que se refieren a habilidades perceptivas y de coordinación, a los movimientos fundamentales, a la estructuración del esquema corporal y su vinculación con la organización espacial y temporal. El tema *El cuerpo: habilidades y destrezas* se refiere a contenidos culturalmente más elaborados y organizados. El bloque *El cuerpo: expresión y comunicación* parte de las habilidades perceptivas, de coordinación y movimientos fundamentales para llegar a dotar al alumno de la habilidad motriz expresiva. El tema *El cuerpo: Salud corporal* es un bloque para la formación de hábitos de salud e higiene corporal. El bloque *Los juegos* considera al juego como un contenido de la educación física por su importancia antropológica y cultural, al tiempo que se ve en él una posibilidad de aplicación de los diversos contenidos incluidos en bloques anteriores.

El presente libro se ha estructurado según tres ejes temáticos:

I.   Conocimiento y conciencia corporal.
II.   Conocimiento y dominio del entorno.
III. La relación con los demás.

Que permitirán establecer nociones conceptuales en torno a los diversos contenidos que deben aparecer en las programaciones propias del segundo ciclo de educación infantil y ciclo inicial de enseñanza primaria, al mismo tiempo que aportar recursos prácticos para la labor docente.

Los recursos materiales

El entorno

La sesión de educación física no debería realizarse siempre en el mismo espacio físico ya que respuestas motrices diferentes surgirán de:

- Diferentes tipos de espacio: abierto o cerrado (cubierto-descubierto, grande-pequeño),

- diferentes texturas de suelo (tierra, parque, moqueta, asfalto...),

- diferentes relieves (terreno plano, en subida, con desniveles),

- diferentes elementos naturales (sala, aire libre, agua, nieve...).

El material

Resultaría interminable una lista de la cantidad de objetos y materiales utilizables en educación física y sus diversas finalidades motoras.

Sin embargo, cuando se habla del tema con maestros, es habitual la respuesta: *En la escuela no tenemos material, ni medios para conseguirlos*. No se puede aceptar que este argumento sea utilizado para reducir las sesiones de educación física en la escuela, ya que un poco de imaginación y algo de dedicación son suficientes para adquirir, no el material clásico de *gimnasia* (aparatos, pelotas, etc.), pero sí toda una gama de material no convencional que puede sernos útil (botellas lastradas, neumáticos, cintas, palos de escoba, tambores de detergente, sillas en desuso, sonajeros, telas, etc.). Dicho esto, no debe descartarse la posibilidad de seguir insistiendo ante los estamentos oportunos para obtener un presupuesto dirigido al material de educación física.

La principal propiedad que debe poseer el material es la de provocar al niño, incitarlo a la acción. Formas originales, colores llamativos, funcionalidad (aunque ésta queda a menudo suplida por la imaginación del niño) favorecen el movimiento continuado y variado en el alumno. Debemos exigir que el material cumpla las siguientes condiciones:

El material debe	El niño	Gracias a ello
Provocar al niño	Se mueve de forma continuada y variada	Se favorece el desarrollo orgánico y funcional.
Constituir obstáculos	Sortea Franquea Trepa	Se modifican los desplazamientos. Se mejora la coordinación. Se mejora el equilibrio.
Ser manipulable	Diferencia tamaños, texturas, pesos, ... Lanza, conduce, golpea...	Se mejora la coordinación dinámica específica.
Transformar el espacio	Se coloca delante detrás a derecha, izquierda, etc. Calcula distancias Percibe ordenaciones	Se mejora la organización espacial.
Producir sonidos	Percibe intensidades Percibe duraciones Diferencia estructuras rítmicas.	Se mejora la organización temporal.
Estimular la imaginación	Crea movimientos. Simboliza mediante el juego.	Se progresa en el desarrollo intelectual y afectivo.

Capítulo 3

La educación sensorial

La educación sensorial en el conocimiento de uno mismo y del entorno

Sensación e *información* son dos términos que hallamos íntimamente unidos en la psicología de las sensaciones. Ello no es de extrañar si tenemos en cuenta que los procesos sensoriales y perceptivos recogen el conjunto de estímulos que emanan tanto de nuestro organismo como del mundo exterior, permitiendo con ello que la persona tome conciencia de su propio cuerpo y del entorno. Tomar conciencia del propio cuerpo y del entorno no quiere decir otra cosa sino ir enriqueciendo un conjunto de estructuras mentales que se van construyendo gracias a las informaciones sensoriales recibidas y a las relaciones que entre éstas y las que han sido almacenadas en la memoria se van estableciendo.

Es por ello que la educación escolar, durante los primeros años, gira en torno a la educación de los sentidos que estará en la base de todo descubrimiento, de todo aprendizaje.

El ser conscientes de ello nos llevará hacia una educación intencional y sistematizada de los sentidos, que sin duda facilitará la labor del escolar en su camino de descubrimiento del mundo que le acoge, al tiempo que facilitará instrumentos de regulación de su propia actividad.

Centrando la reflexión ya específicamente en la Educación Física podemos atribuir la trascendencia de la educación sensorial a los siguientes factores:

- Los sentidos constituyen la vía a través de la cual el estudiante toma conciencia de las capacidades de su propio cuerpo, de sus posibilidades y de sus límites.

- A través de la educación sensorial, el alumno se acostumbrará a seleccionar los estímulos a los que deba responder con su acción motriz y pondrá en juego su capacidad de tomar decisiones.

- La percepción de las características del entorno y de la propia situación permitirán dar respuesta al problema motriz que éstas provocan.

- Finalmente una buena educación de los sentidos generará automatismos motrices ante determinadas excitaciones sensoriales que actuarán en favor de una economía de esfuerzos.

Sensación y percepción en la base de la motricidad

Las sensaciones *son los canales básicos por los que la información sobre los fenómenos del mundo exterior y en cuanto al estado del organismo llega al cerebro, dándole al hombre la posibilidad de orientarse en medio circundante y con respecto al propio cuerpo.* En el cuerpo humano se hallan distribuidos los diferentes receptores sensoriales, algunos de los cuales ocupan lugares muy específicos. Estos receptores son los responsables de captar los estímulos del medio, transformándolos en una información que será transportada, a través de las vías nerviosas aferentes, hasta el sistema nervioso central y en particular hacia el córtex, donde se verán sometidas a una modificación a una descodificación que determinará de donde proceden, la naturaleza del excitante, su intensidad, etc.

Las sensaciones tienen un carácter activo y selectivo. Son activas en la medida, en que se da una participación de componentes motores como pueden ser las contracciones vasculares o tensiones musculares que surgen como respuesta a cada estímulo perceptible. Podríamos decir que los receptores van en busca de la información. Son selectivas en la medida en que destacan de los influjos del entorno aquellos que tienen una marcada importancia biológica.

Las sensaciones suelen clasificarse en:

a. *Sensaciones interoceptivas:* Informan de los procesos internos del organismo, captando las informaciones procedentes de las vísceras. Representan las formas de sensación más difusas y mantienen cierta afinidad con los estados emocionales.

b. *Sensaciones propioceptivas:* Informan sobre la situación del cuerpo en el espacio y sobre la postura, concretándose en sensaciones Kinestésicas y vestibulares.

c. *Sensaciones esteroceptivas:* Las más conocidas son la vista, el oído, el tacto, el gusto y el olfato, pero existen otras formas de sensibilidad menos estudiadas como la sensibilidad vibratoria, la fotosensibilidad de la piel,...

Tal como se expresaba, anteriormente las informaciones son descodificadas en el córtex. Esta descodificación se integra a la de otras sensaciones dando lugar a la percepción. La percepción será fruto de una labor compleja de análisis y síntesis y nos permitirá captar objetos y situaciones íntegras.

Dado que las sensaciones propioceptivas, al no poder ser desvinculadas del comportamiento motriz de la persona, serán tratadas, implícita o explícitamente, a lo largo de todo el libro, en los siguientes apartados se ofrecen propuestas para la sistematización de la educación de las sensaciones exteroceptivas.

La vista

El sentido de la vista dispone de un órgano receptor, el ojo, el cual capta la luz y sus variaciones. Las neuronas fotosensibles que transforman la excitación por parte de la luz en impulso nervioso con los bastones y los conos. El influjo nervioso es enviado al córtex a través de las fibras del nervio óptico. El córtex visual se halla situado en el lóbulo occipital del cerebro. En la educación de la discriminación visual tendremos en cuenta los siguientes elementos:

a. *Agudeza visual*

La agudeza visual se define como la capacidad que tenemos para distinguir la forma y los detalles precisos. En la educación motriz nos interesa mejorar esta capacidad en la medida en que permite al alumno diferenciar los objetos y los demás aspectos del entorno que condicionarán su respuesta de movimiento.

- *Grandes y pequeñas.* En el terreno del juego distribuimos pelotas grandes y pequeñas. Los niños y niñas van corriendo libremente en todas las direcciones. Cuando el maestro grita: ¡grandes!, cada cual debe coger una pelota grande y sentarse con ella en el suelo.

Cuando el maestro grita *¡pequeñas!*, ocurre lo mismo con las pelotas pequeñas. Podemos introducir como variante el que los niños deban botar las pelotas, lanzarlas, etc., en lugar de sentarse en el suelo con ellas.

- *Las tres figuras.* En una porción del terreno de juego se hallan dibujados con tiza varios triángulos, cuadrados y círculos bastante grandes. Los niños se colocan en fila en el otro extremo del terreno. El maestro, frente a ellos, tiene una caja con tres cartulinas que reproduzcan cada una de las tres figuras anteriores. Extrae una cartulina y los niños deben colocarse rápidamente en el interior de la figura correspondiente.

b.   Seguimiento visual

El seguimiento visual se refiere a la capacidad de seguir con la mirada símbolos u objetos. Para ello se requieren movimientos visuales coordinados. El desarrollo de esta habilidad es imprescindible para el aprendizaje de la lectura.

- *¿Cuántas veces?* El maestro se coloca frente a los estudiantes con una pelota. Debe lanzarla sucesivas veces al aire y los estudiantes deben indicar
  cuantas veces la ha lanzado.

c.   *Memoria visual*

Entendemos por memoria visual la capacidad de recordar experiencias visuales
anteriores, cuando el estímulo visual que las ha ocasionado ya no está presente.
Esta capacidad es importante en el aprendizaje motor, cuando debemos reproducir un movimiento y la información de que disponemos es la observación de
un modelo ejecutado con anterioridad.

- *Los maniquíes.* Los niños adoptan posiciones distintas como si fueran los
  maniquíes de unos grandes almacenes, uno de ellos representa ser el
  encargado de la tienda. El encargado se pasea entre los maniquíes y
  los observa. En un momento dado se distrae mirando por una ventana.
  Alguno de los maniquíes aprovechan para cambiar de posición. El encargado deberá saber quienes son los que han cambiado de posición.

d.   Diferenciación figura-fondo

Entendemos por diferenciación figura-fondo la capacidad de destacar la figura dominante de su entorno. Las habilidades de coordinación dinámica específica, en las que el alumno maneja objetos, ponen en juego esta capacidad.

- *Saltar obstáculos.* Distribuimos pequeños obstáculos por todo el espacio, (vallitas, cajones de plinto, cuerdas, etc.) Los niños deben correr en todas direcciones saltando los obstaculitos con que se encuentren. Podemos establecer un número de obstaculitos a saltar y requerir que los niños los pasen lo más rápidamente posible.

e.   Estabilidad perceptiva

La estabilidad perceptiva requiere una cierta persistencia en la interpretación de la observación, es decir, cuando el alumno observa varios objetos que pertenecen a una misma categoría (por ejemplo pelotas) ha de identificarlos aunque entre ellos se observen ciertas diferencias (de tenis, de básquet, de fútbol,...)

- *Relevos de formas.* Tenemos dos equipos. Cada equipo se coloca en un extremo de la sala. Delante de cada equipo disponemos tres cajas de cartón. Entre ambos equipos se colocan una gran cesta con objetos que pertenezcan a tres categorías diferentes, por ejemplo aros, pelotas y tacos, y que a la vez sean diferentes entre sí.

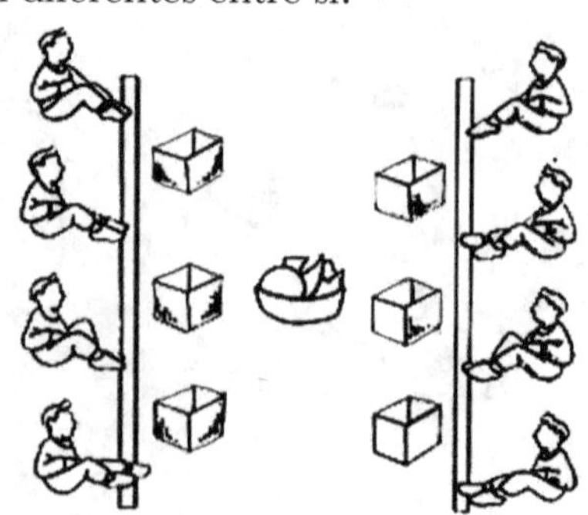

De cada equipo sale un jugador corriendo. Va hacia la cesta, coge un objeto y lo deja dentro de una caja de cartón. Inmediatamente sale el niño que le sigue y hace lo mismo con otro objeto. Cada caja de cartón debe llenarse con una categoría diferente de objetos.

El oído

El oído permite captar el sonido. El sonido resulta de una vibración mecánica del aire. Dicha vibración es transformada en impulsos nerviosos en los receptores del oído interno. Estos impulsos parten a través del nervio auditivo hacia los núcleos cocleares del troncoencéfalo. El córtex auditivo se halla localizado en el lóbulo temporal bajo la cisura de Silvio.

El oído humano capta sonidos de frecuencias comprendidas entre los 16.000 y los 20.000 hertzios y es capaz de discriminar alrededor de 400.000 sonidos diferentes.

En la educación de la discriminación auditiva tendremos en cuenta los siguientes elementos:

a.	*Agudeza auditiva*

La agudeza auditiva es la capacidad que tenemos para captar y diferenciar los distintos sonidos y su tono e intensidad.

- *Los instrumentos.* El maestro percute a ritmo de marcha con varios instrumentos que va alternando (triángulo, caja china, pandero,...). Previamente hemos asignado una forma de desplazamiento a cada instrumento, por ejemplo triángulo/de puntillas; caja china / de cuclillas; pandero / hacia atrás. Los niños y niñas deben ir desplazándose en función del instrumento que suena.

b.   Seguimiento auditivo

El seguimiento auditivo consiste en la capacidad de identificar de dónde proviene el sonido y seguir la dirección que éste lleva.

- *La rata.* Los niños se sitúan sentados en corro, uno al lado del otro. Uno de ellos en el centro del corro. Los jugadores se pasan una maderita con muescas de mano en mano, por la espalda, de tal manera que el jugador del centro no la vea. De vez en cuando un jugador rasca la maderita. El jugador del centro debe adivinar donde está *la rata.*

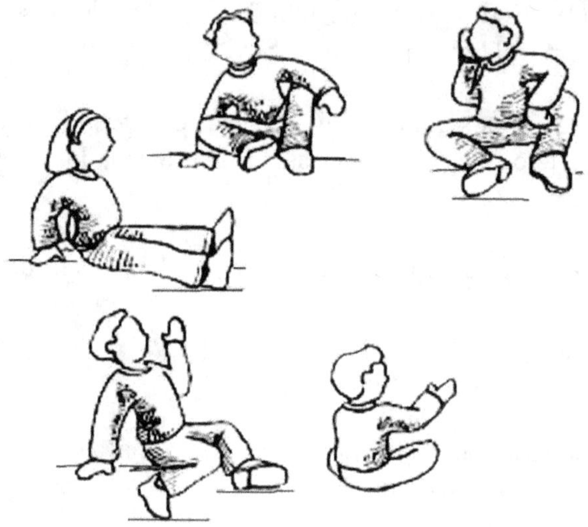

c.   Memoria auditiva

La memoria auditiva es la capacidad que tenemos de recordar y reproducir experiencias auditivas cuando ha desaparecido el estímulo.

- *Reproducir ritmos.* El maestro golpea el pandero con un ritmo determinado. Los estudiantes, sentados en el suelo, disponen cada uno de una pelota. Cuando el maestro termina de percutir, los estudiantes deben golpear la pelota contra el suelo con el mismo ritmo que marcaba el pandero.

El tacto

Definimos como discriminación táctil la capacidad de distinguir diferentes texturas utilizando únicamente el tacto. No debemos olvidar, sin embargo, cuando tratemos este tema en la escuela, el ampliar las actividades con el objetivo de provocar la discriminación de las demás sensaciones que se captan a través de la piel, como pueden ser las térmicas, las de presión, las de dolor, las de vibración. En las diferentes capas de la piel se hallan localizados receptores específicos de cada una de estas sensaciones. Estos receptores se encuentran en mayor o menor concentración según la región corporal de que se trate.

- *El mensaje.* Los niños y niñas se colocan en fila, uno tras otro. El último de la fila *escribe* un mensaje en la espalda del compañero que tiene delante; por ejemplo, pica dos veces, le rasca y le da un pellizco. El mensaje debe irse pasando de la misma manera hasta el principio de la fila. El niño que lo ha enviado debe comprobar que al final el mensaje sea el mismo que en un principio.

El gusto y el olfato

El gusto y el olfato son sin duda los sentidos que menos intervienen en el comportamiento motor. Su educación se separa del ámbito específico de la educación física, pero no debemos, sin embargo, olvidar si somos conscientes de la importancia de una buena estimulación sensorial en la formación de nuestros estudiantes.

La educación de estos sentidos, habitualmente denominados sentidos químicos dado que dependen del contacto de diferentes sustancias químicas con sus receptores, se sistematizará en sesiones de carácter interdisciplinarias. Por ejemplo, si en el área de naturales estudiamos las plantas, podemos plantear una actividad que requiera identificar las flores por el olfato. Actividades semejantes pueden planearse con alimentos, sustancias químicas, etc.

Capítulo 4

Las actividades en la naturaleza

El medio natural

Si tomáramos como definición de la educación física la que propone la F.I.E.P. (1971): *La educación física es la parte de la educación que utiliza de una manera sistemática, las actividades físicas y la influencia de los agentes naturales —aire, sol, agua, etc.— como medios específicos*, la educación física debería llevarse a cabo prioritariamente en la naturaleza...

Sin embargo, las posibilidades de desarrollo de la motricidad infantil de forma natural disminuyen progresivamente debido a una evolución del modo de vida que inserta, inevitablemente, al individuo en un marco urbano. Si a ello agregamos factores como la mecanización de la sociedad, el auge de las actividades lúdicas de tipo sedentario (televisión, videojuegos, etc.), la dificultad de hallar en nuestras ciudades espacios abiertos y poco contaminados, encontraremos totalmente justificable la preocupación de los educadores por recobrar, en la medida de lo posible, el medio natural.

Una pequeña reflexión sobre las condiciones del medio natural nos permite señalar:

- Aquellas que estimulan las funciones indispensables para el crecimiento y desarrollo del niño,

  - aire libre,
  - sol,

- luz,
- espacio abierto.

• Aquéllas que estimulan específicamente la motricidad,

- espacio abierto,
- irregularidades del terreno,
- obstáculos (troncos, rocas, arbustos, etc.),
- medios diferentes (agua, nieve, hielo),
- naturaleza del suelo (arena, piedras, césped, etc.).

Actividades tradicionalmente vetadas a los más pequeños

Son, sin duda, los niños de preescolar y ciclo inicial, por vivir una época crucial tanto en lo que se refiere a su desarrollo como a la adquisición de nuevas experiencias, los que mayor beneficio pueden obtener de las condiciones anteriormente referidas.

¿Por qué, entonces, la escuela se ha mostrado tradicionalmente tan reacia a prolongar su influencia fuera del marco arquitectónico?

Para algunos, la respuesta puede resultar obvia. La escuela no quiere exponer a los niños a los peligros de un medio desconocido, en el que quedan mermadas las posibilidades de control por parte de los maestros, dado que se hallan en una edad en la cual, todavía, no se es plenamente responsable. Si siguiéramos ahondando en el tema, la administración tampoco quedaría exenta de culpa, ya que probablemente aparecerían argumentos en torno a la responsabilidad civil de los maestros.

Seguramente las anteriores argumentaciones son respetables, por ello simplemente nos queda por cuestionar si son suficientes para privar al niño del cúmulo de aportaciones favorables para el crecimiento y desarrollo que ofrece el *medio natural*.

El niño vive su autonomía

El niño, fuera de los muros escolares, se siente libre. Este niño, cuyos sentimientos oscilan entre la necesidad de hallarse protegido por el adulto y el deseo de sentirse independiente, encuentra, en las salidas a la naturaleza, una nueva posibilidad de vivir esa independencia. Y ésta es una oportunidad que no puede despreciar el educador cuando, entre sus objetivos, se plantea el reforzar la responsabilidad del niño. Podemos estar de acuerdo con aquellos que dicen: ...*la seguridad de los niños está determinada por un equilibrio entre la protección y la responsabilidad. Cuando el niño no es responsable se le ha de proteger de una forma absoluta. A medida que va aumentando su responsabilidad, será necesario ir disminuyendo la protección.* Pero también podemos afirmar que la responsabilidad debe ser educada y la forma de conseguirlo no consistirá tanto en rodearle de un ambiente excesivamente protector, como en hacerle tomar conciencia de los riesgos y la forma de enfrentarse a ellos. El educador deberá pues, al tiempo que toma las precauciones necesarias para evitar posibles peligros, permitir que el niño vivencie riesgos subjetivos que le ayuden a encontrar sus propias respuestas ante estas situaciones.

Por otra parte, el enfrentarse colectivamente a una situación nueva, quizá peligrosa, incita a la solidaridad, a la colaboración. Dejemos, pues, que los niños resuelvan conjuntamente sus propias dificultades y abramos, de esta manera, nuevas vías para la educación de la cooperación.

Acciones del maestro

Previas a la salida

El maestro debe realizar un estudio del espacio que le sirva como base para la prevención de las actividades a realizar. En este estudio es aconsejable tener en cuenta los siguientes aspectos:

- Extensión del terreno
- Caminos y trayectos
- Elementos existentes (árboles, arbustos, riachuelos, etc.)
- Flora y fauna
- Relieve
- Condiciones atmosféricas habituales

Será necesaria también una programación de las actividades, teniendo en cuenta las posibilidades de trabajo interdisciplinarias que ofrece una salida a la naturaleza. La motricidad, el lenguaje, las nociones matemáticas, la adquisición de nuevos conocimientos, la expresión artística, etc., todas estas áreas que afectan a la educación del niño pueden enriquecerse con los recursos que ofrece el medio natural. Tengamos en cuenta, sin embargo, no forzar situaciones que puedan desvirtuar el contexto general de la actividad.

Durante la salida

La actividad del maestro, durante la salida, queda resumida en tres palabras: educar, animar, vigilar.

- Como educador, encausa las situaciones que van surgiendo, haciéndolas adecuadas al desarrollo y formación del niño.

- Como animador, está siempre dispuesto a ofrecer nuevos recursos, manteniendo un clima de afectividad y alegría, que estimule la actividad del niño.

- Como vigilante, siempre atento a las reacciones de los niños, intenta anticiparse a aquéllas que pueden conllevar un riesgo.

De vuelta a la escuela

De nuevo en el aula, la salida no tiene por qué quedar olvidada. Las experiencias vividas pueden ser temas de diversos trabajos de expresión:

- Oral (relato de impresiones, de vivencias personales, etc.),
- escrita (redacciones, etc.),
- plástica (dibujos, construcciones con materiales recogidos, etc.).

Las actividades

Los juegos

La mayoría de los juegos que realizamos en el gimnasio pueden tener una aplicación en una salida a la naturaleza. En ocasiones, será necesario introducir alguna variante, para adaptarlos a las nuevas condiciones del medio. Otros juegos, por tradición o por sus características, parecen más apropiados para estas salidas al campo. Entre estos últimos proponemos:

El indio

Para jugar en un terreno con muchos arbustos y otros elementos que sirvan de escondite.

Organización inicial

Uno de los niños para, situándose en una zona claramente determinada, junto a un árbol por ejemplo. Los demás se preparan para esconderse.

Desarrollo

El niño que para, cuenta hasta 50 tapándose los ojos. Los demás se esconden. Cuando termina de contar, los niños que están escondidos intentan avanzar hasta la zona del niño que *para* sin ser vistos por éste. Cuando el niño que *para* ve a alguno de sus compañeros, debe decir su nombre y éste vuelve al lugar de partida. Si al nombrar a un compañero se equivoca y dice el nombre de otro, ha *roto la olla*. Entonces salen todos los niños y el juego vuelve a iniciar.

El juego termina cuando alguno de los niños consigue llegar a la zona del niño que *para*.

La vaca

Si nos encontramos en un prado, nada más indicado que jugar a *la vaca*. Necesitaremos pañuelos y una campanita.

Organización inicial

Todos los niños llevan los ojos tapados, menos uno que es *la vaca*. Este último lleva la campanita colgada de tal modo que suene al desplazarse el mismo.

Desarrollo

Todos los niños se desplazan por el prado y deben intentar coger *la vaca*. Cuando un niño cree que la ha cogido grita ¡vaca! El maestro comprueba si ha acertado. Puede haber más de una vaca.

Buscar un objeto

En el bosque podemos esconder objetos en mil lugares distintos. De esta manera podemos inventar muchos juegos a partir de esta situación. Uno de ellos puede ser:

Organización

Los niños forman dos equipos A y B. El equipo A tiene un objeto significativo para los niños.

Se delimita una porción del terreno.

Desarrollo

Los niños del equipo B se alejan del terreno de juego. Los niños del equipo A esconden el objeto en un determinado lugar. Cuando lo han escondido, se sitúan en los límites del terreno y el equipo B debe encontrar el objeto en el menor tiempo posible. Si transcurrido un tiempo el objeto no ha sido hallado, el equipo B puede pedir *ayuda*. Entonces los niños del equipo A señalan al niño del otro equipo que se halla más cerca del objeto escondido.

Lobos y corderos (guardias y ladrones)

Este juego suele ser del agrado de los niños ya que en dicho juego se une el escondite y la persecución.

Organización inicial

La mitad de los niños son *lobos*, la otra mitad *corderos*. Los *lobos* cuentan hasta 100 con los ojos tapados, en una zona del terreno que es su guarida. Entre tanto los corderos se esconden.

Desarrollo

Los *lobos* buscan a los corderos. Cuando el *lobo* encuentra un *cordero*, debe atraparlo y llevarlo hasta la guarida. Los *corderos* libres pueden salvar a los *corderos* atrapados, si consiguen llegar hasta ellos y tocarles la mano, sin que un *lobo* consiga cogerlos.

Grandes juegos temáticos

En el gran juego temático, el niño se ve inmerso en un mundo de ficción en el que puede vivir maravillosas aventuras. A partir de un tema que sea del interés de nuestros estudiantes, se podrán crear, gracias a la iniciativa de los niños y, cuando ésta falte, a las sugerencias del maestro, las situaciones más inesperadas. Las posibilidades son muy numerosas. El juego temático puede ser el resultado de un proyecto elaborado con antelación en el aula. Puede ser, también, el resultado de una propuesta sugerida de forma espontánea y hábilmente conducida por el maestro.

La duración puede ser variable, siendo incluso posible realizarlo a lo largo de la salida, intercalando en éste otras actividades.

No debe suponer el hallar temas sugerentes

- Cuentos o relatos con los más variados personajes. Pulgarcito, los enanitos de Blancanieves, Hansel y Gretel cobrarán vida en nuestro juego. Los niños pueden también inventar sus propias narraciones y adoptar el papel de los personajes por ellos creados.

- La construcción de cabañas entusiasma a los niños. Esta tarea los convertirá pronto en *indios*, en *exploradores*,...

- Perseguir un objetivo puede ser el tema de un largo recorrido. Un papel en blanco puede representar un plano que lleva hacia un tesoro. Sucesivamente, cada niño informa a los demás de alguna indicación del plano imaginario: cruzar un río, bajar una pendiente, escalar un muro de rocas, etc.

Actividades de orientación

En las salidas a la naturaleza, el niño se halla ante un espacio que le es totalmente desconocido. El temor, la inseguridad, pueden ser emociones que aparezcan como consecuencia de este hecho. Hacer que el niño haga suyo el espacio que le rodea se convertirá en un objetivo prioritario en cualquier actividad que realicemos.

Mediante las actividades de orientación pretendemos específicamente estimular la observación del espacio circundante, provocar respuestas ante la percepción de relaciones entre el cuerpo y el espacio, ayudando al niño, con todo ello, a consolidar las nociones propias de un espacio perceptivo.

Cuando se habla de actividades de orientación en la naturaleza, lo primero en lo que se acostumbra a pensar es en individuos con un plano y una brújula. Debemos tener en cuenta, sin embargo, que la organización espacial propia de los niños de preescolar y ciclo inicial, que se basa fundamentalmente en la percepción inmediata y no tanto en la representación mental del espacio, hace imposible que podamos proponer tareas que incluyan la interpretación de planos. Ello no implica que no podamos encontrar otras muchas actividades que se ajusten a los objetivos anteriormente propuestos. Veamos algunos ejemplos:

- Seguir un camino. El maestro coloca una serie de referencias marcando un camino. Desde cada referencia debe ser visible la siguiente. Los niños en grupos reducidos van recorriendo el camino.

- Encontrar caminos diferentes. Los niños se agrupan en un determinado lugar. Desde ahí deben dirigirse hacia un objetivo visible que se halle a cierta distancia, pero todos ellos deben seguir trayectorias diferentes.

- Volver por el mismo camino. Los niños forman grupos y realizan un determinado recorrido. El final debe ser visible desde el origen. Más tarde deberán volver al punto de partida por el mismo camino y recuperar el objeto escondido.

- Recordar lo que hemos visto. Pedimos al final de un determinado recorrido que los niños nombren las cosas que han ido viendo, que las escriban, que las dibujen...

Capítulo 5

Cooperación y expresión

En las sesiones de educación física el niño se mueve, juega, actúa entre sus compañeros. Las actividades que le propongamos le llevarán a descubrir el mundo de los demás, al tiempo que le permitirán ahondar en la propia identificación, puesto que se propicia una confrontación de cada uno con los otros niños.

El maestro ha de ser consciente del valor educativo de las situaciones colectivas y en consecuencia:

- Debe promover la máxima participación de sus estudiantes, rechazando aquellas actividades en las que un niño realiza un determinado movimiento y los demás observan, esperando pacientemente (o no tan pacientemente), su turno.

- No debe contentarse con propuestas que lleven a los niños a actuar uno junto al otro, sino uno con el otro, en interacción. Al intentar darle un carácter intencional a la educación de esta interacción entre los niños, se nos presentan dos aspectos en los que podemos incidir directamente desde el campo de la educación física: la cooperación en el movimiento y la expresión en el movimiento.

La cooperación en el movimiento

El niño, cuando se mueve, no lo hace porque sí; tiene una intención, un propósito. Cuando este propósito coincide entre varios niños, ya podemos empezar a hablar de cooperación. El alcance educativo del trabajo en cooperación queda perfectamente expresado con las palabras de Annemarie Seybold: *también en la educación física, la práctica surte mayores efectos formativos si no practica cada por uno por sí solo, sino varios juntos con el fin de alcanzar una meta común. La vinculación con un grupo eleva al individuo por encima de sus límites; entre los miembros del grupo encuentra respaldo, crítica, promoción. Al practicar en conjunto, la tarea adquiere nuevas dimensiones, sus posibilidades de solución se multiplican.*

¿Qué aspectos tendremos en cuenta, en la educación de la cooperación?

- No será tan importante organizar muy bien a los niños, distribuirlos perfectamente en el espacio, para que puedan trabajar todos a la vez, cómo proponerles tareas en las que todos tengan que analizar la situación, reflexionar sobre ella, tomar decisiones que afectan al conjunto.

- Será necesario respetar la comunicación verbal entre los niños, de forma que puedan establecerse acuerdos, aún cuando ello conlleve a una pérdida de tiempo de práctica.

- Las tareas que presentemos deben tener una cierta dificultad, lo cual llevará a los niños a valorar el trabajo de conjunto.

- Los juegos colectivos representan quizá, el instrumento más específico en la educación de la cooperación. Hemos de tener en cuenta, al proponer juegos colectivos a los estudiantes de preescolar, las características de la organización espacial en los niños de estas edades, así como la dificultad que pueden encontrar al establecer estrategias de juego.

La expresión en el movimiento

El movimiento humano es expresivo. A través del movimiento podemos exteriorizar sensaciones, emociones, pensamientos... En la educación de la motricidad, la expresión cobra un especial interés: *cuantos más medios de expresión pueda desarrollar el ser humano, tanto mayor será su riqueza existencial. El individuo que sólo puede expresar su vida interior por una vía (ya sea ésta el escribir, el pintar, el hablar, etc.) no realiza todas sus potencialidades.*

Para abordar la educación de la expresión, en nuestras sesiones, disponemos de dos vías que se complementarán para conseguir que el gesto sea más significativo, pero también más auténtico (sincero, carente de afectaciones):

- Podemos proponer actividades que tengan como objetivo específico conseguir que el niño se exprese.

- Podemos favorecer la expresión del niño en cualquiera de las actividades que realice, para lo que será necesario permitir que el niño manifieste su individualidad en cada uno de sus gestos. Deberemos quitarnos de la mente la idea de que los niños son como muñecos que repiten el movimiento realizado por el maestro, si se les aprieta el resorte adecuado. Cada movimiento estará impregnado de la subjetividad de cada niño, radicando en ello su riqueza expresiva. Observación, interiorización de sensaciones, imaginación, ritmo corporal serán los aspectos que harán que una carrera, un salto, el lanzamiento de una pelota puedan ser considerados como movimientos expresivos.

La expresión, nexo entre las diferentes materias

Cuando nos planteamos la actividad y la experiencia como bases de la educación, pensamos que ésta es la única manera en que el niño puede ir construyendo un mundo sobre el que pueda actuar. En ello, sin duda, radica el verdadero valor de la educación. ¿De qué nos servirá conseguir unos determinados esquemas de pensamiento, unos conocimientos, unos recursos en el niño, si después éste no fuera capaz de utilizarlos en las diversas situaciones con las que debe enfrentarse? No nos interesa crear seres pasivos, inhibidos, sino seres dispuestos para la acción.

Todo ello nos hace pensar que hemos de trabajar en lo posible las cualidades de esta acción. Cuando el niño actúa, se expresa. La expresión es una capacidad del niño que debe trabajarse en todas y cada una de las disciplinas escolares. Constituye, pues, un nexo entre las mismas.

¿Cómo podemos plantearnos, de forma práctica, el nexo que representa la expresión, entre las diferentes materias? Para contestar a esta pregunta deberíamos empezar por considerar las diferentes formas mediante las cuales el niño puede expresarse:

- Expresión escrita
- Expresión oral
- Expresión gestual y mímica
- Expresión motriz
- Expresión matemática
- Expresión sonora

- Expresión musical
- Expresión gráfica
- Expresión pictórica
- Expresión con materiales (barro, plastilina, papel, etc.)

Podemos partir de una frase, un texto, una anécdota, para llegar a cada una de estas formas de expresión. Cualquier tema trabajado en clase puede ser motivo de expresión. Se trata aquí de poner en juego tanto la imaginación del maestro como la del estudiante, para que esta expresión sea más rica.

No olvidemos, finalmente, la posibilidad que tiene el niño de comentar, describir en un texto escrito, dibujar, las situaciones que ha vivido en la sesión de educación física, ya que ello representará un enriquecimiento de su experiencia motora.

Capítulo 6

Los juegos

En el presente libro, al haber diferenciando varias formas de actividades físicas, en función de su principal característica o del medio donde se desarrollan, el juego aparece como una categoría más. Sin embargo, no debe entenderse así dado que el juego debería formar parte de cualquier propuesta en nuestras sesiones de educación física.

No puede existir duda alguna de que la forma de actividad dominante en los niños de preescolar es el juego. En un momento en el que el niño tiene la necesidad de relacionarse con el entorno, conocer y dominar el medio que le envuelve, hallará en el juego una forma agradable y divertida de conseguirlo. El juego, al fin y al cabo es diversión, es pasárselo bien... En los primeros cursos de Educación Primaria el juego comparte su hegemonía con otras actividades en esta búsqueda de nuevas experiencias, pero sigue ocupando un lugar prioritario en la vida del niño.

Por todo ello y por las innumerables posibilidades lúdicas que ofrece la actividad física, el conjunto de nuestras propuestas en torno a la educación motriz adoptará forma de juego. Siempre que sea posible introduciremos el componente lúdico en las primeras actividades.

¿Cómo juegan los niños?

Nuestros estudiantes de preescolar han dejado atrás una etapa en la que el juego era ante todo una actividad funcional, de exploración de sus posibilidades motrices y de manejo de nuevos materiales, a la que se dedicaban individualmente. Ahora, se abre ante ellos una nueva gama de situaciones lúdicas que, progresivamente, los alejará del egocentrismo propio de estas edades, encaminándolos hacia un comportamiento cooperativo en el juego.

El niño juega al balón con el pie

Propongamos a los niños que jueguen al balón con el pie

Se deben marcar *goles* al adversario sin utilizar las manos o los brazos, ser alternativamente atacante o defensor, según que nuestro equipo tenga o no la pelota.

Evitar toda acción peligrosa.

Organización material

- Terreno limitado de 40 m x 20 m aprox.
- Dos porterías de 2 metros aproximadamente
- Equipos de 5 a 6 jugadores
- Porteros según la petición de los niños
- Un balón esférico

Comportamientos observados
(generalmente)

- El conjunto de jugadores se agrupa alrededor del balón; hay una diferenciación de roles, atacante y defensor.
- El portador del balón tiene la vista fijada en el balón; se para antes de golpearlo, si puede, en dirección a la portería contraria.
- El no-portador del balón intenta apoderarse del mismo, está constantemente orientado hacia el esferico.
- Estos comportamientos se explican por el *Proyecto del niño*: apropiarse del balón para *marcar un gol*.

Objetivo
Teniendo en cuenta el proyecto del niño

Ayudar al niño a controlar la conducción de la pelota en un desplazamiento orientado; en presencia de un adversario, liberando la mirada (mirar alternativamente al balón y delante suyo), accediendo al equilibrio dinámico sobre un pie, permitiendo la conducción, el golpeo... del balón.

Situación de base propuesta

Organización material y desarrollo

Terreno dividido en cinco zonas de 20 m x 6 m aproximadamente.

Cinco grupos de cinco a seis jugadores alternativamente atacantes o defensores un balón por grupo.

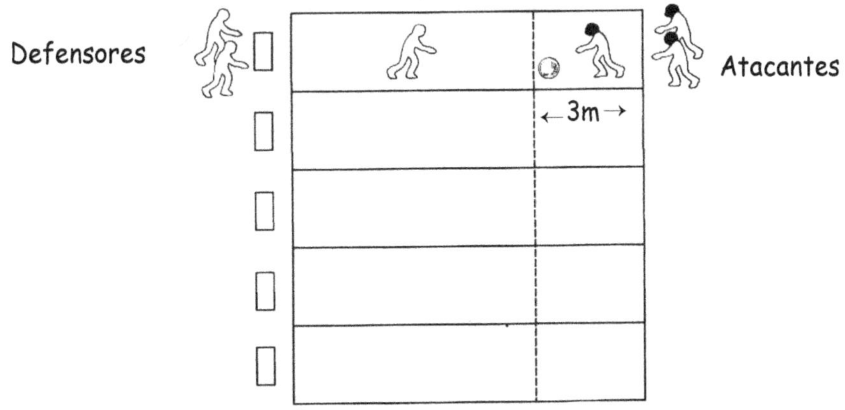

El atacante conduce el balón con el pie y tira en el blanco colocado al otro lado.

El defensor, sin brutalidad y sin ayuda de los brazos, impide al atacante alcanzar el blanco con el balón; no puede defender en la zona de 3 metros (Cfr. Croquis).

El atacante se coloca en el lugar de los defensores y viceversa.

Cálculo de puntos: pelota en el blanco: 3 puntos para el atacante; pelota perdida (salida de los límites): 1 punto para el defensor; balón recuperado y conducido a la zona de 3 metros: 2 puntos para el defensor.

Comportamientos observados
(generalmente)

- El portador del balón no puede controlarlo.

- Modifica su orientación con relación al defensor.

- Privilegia provisionalmente la conservación del balón con relación a la progresión hacia el blanco.

Variantes a la situación de base
en las cuales el defensor presiona cada vez más.

Terreno de la misma dimensión, pero zonas diferentes (consultar los dibujos).

Variante No. 1

Existen, además una zona neutra y zonas de no intervención para el defensor.

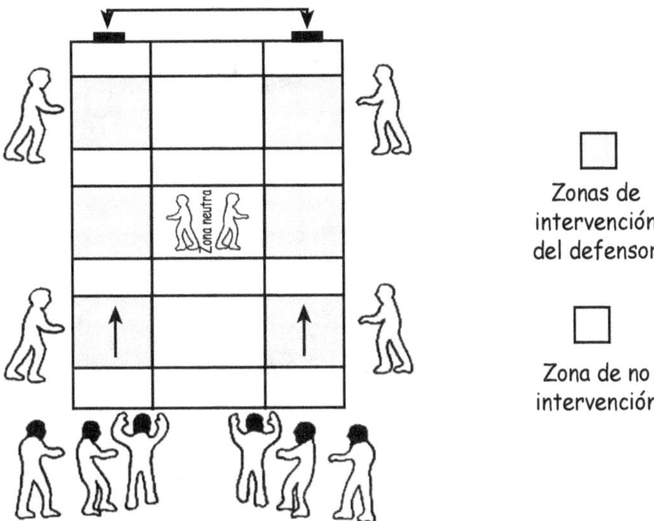

El atacante encuentra sucesivamente 3 defensores que no pueden penetrar en su zona de intervención antes que él.

Variante No. 2

Las zonas de no-intervención son suprimidas.

Variante No. 3

La zona neutra se suprime.

El defensor espera al atacante en su zona de intervención.

Volvamos al juego global de partida
(permitiendo una evaluación)

Mismas organizaciones materiales y condiciones de juego (consultar página).

Comportamientos observados
(generalmente)

* El conjunto de jugadores se agrupa menos alrededor del balón, hay un inicio de diferenciación de los roles de atacante y defensor.

* El portador del balón ya no mira únicamente la pelota y busca informaciones delante de él, intenta pasar por el contorno del adversario, modifica su orientación con relación al defensor, lo rebasa o envía el balón.

* Sus compañeros no intentan ya cogerle el balón y se apartan a veces; sus adversarios quedan atraídos por la pelota.

* Estos comportamientos se explican por el *Proyecto del niño*: *quiero y puedo de ahora en adelante "pasar" a mi adversario.*

Objetivo
(teniendo en cuenta el proyecto del niño)

Ayudar a los niños a organizarse para *pasar* a los adversarios, hacer progresar la pelota hacia el blanco y alcanzarlo.

Situación de base propuesta

Organización material y desarrollo

Terreno delimitado de 40 m x 20 m aproximadamente dividido en dos zonas, grupos de 6 estudiantes, un balón por grupo, tres atacantes conducen la pelota para tirar al blanco quedándose en los límites de su zona, dos defensores, tomándose la mano, les impide tirar en el blanco; no intervienen en la zona de 10 m (consultar el dibujo).

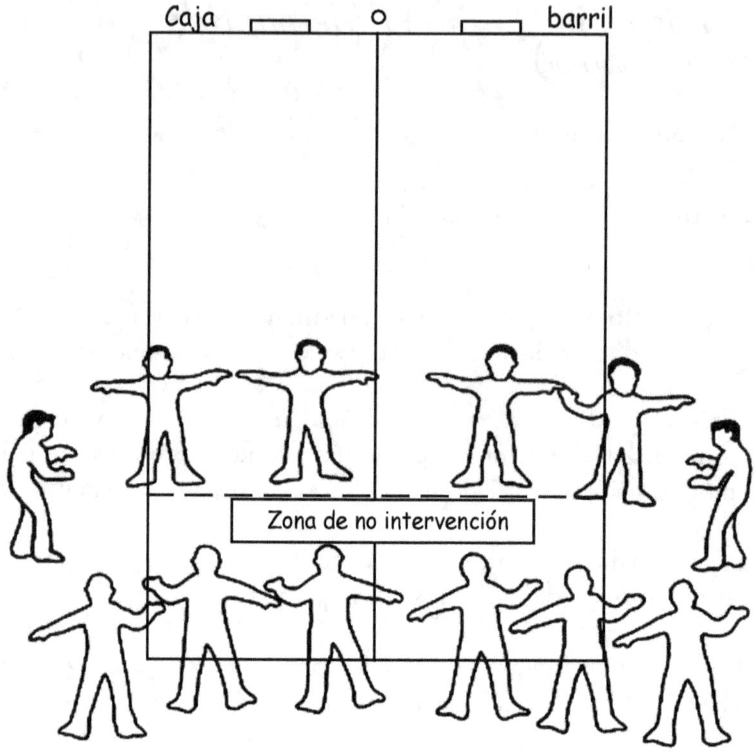

Sistemas de cálculo de puntos a establecer por los estudiantes.

Comportamientos observados
(generalmente)

- El paso hacia adelante es fortuito, es pocas veces destinado a un compañero:
  Frecuentemente el portador del balón se *deshace de este* cuando no puede pasar solo a sus adversarios.

- Los atacantes están agrupados alrededor del balón o se quedan en un mismo plano.

Variante a la situación de base

Terreno de la misma dimensión, pero de zonas diferentes (consultar los dibujos).

Variante No. 1

2 atacantes-1 defensor

Comportamientos esperados

*   El portador del balón fija al defensor acercándose a él; antes de que su adversario se apodere del balón lo pasa hacia delante por la derecha o por la izquierda.

*   El segundo atacante sigue al portador del balón; cuando este último se apodera del mismo, corre para recuperarlo, conducirlo hacia adelante y tirar en el blanco.

Variante No. 2

3 atacantes-2 defensores

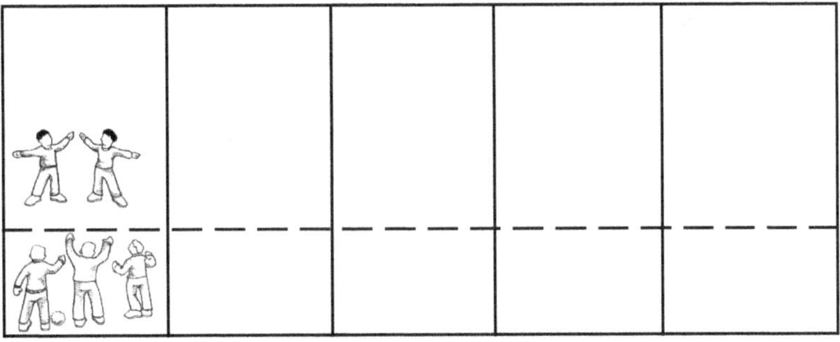

Comportamientos esperados

- El portador del balón fija el(los) defensor(es) acercándose; antes que su(s) adversario(s) le coja(n) el balón lo(s) rebasa o pasa el balón hacia adelante a un compañero.

- Los otros atacantes se desplazan próximos al portador del balón; cuando éste ha conseguido fijar al (o a los) defensor(es), salen hacia adelante para recibir eventualmente el balón, conducirlo y tirar al blanco.

Volvamos al juego inicial
(permitiendo una evaluación)

Mismas organización material y condiciones de juego (consultar pág...) pero reglas de funcionamiento añadidas por los niños.

Ejemplo: el balón ha salido por el lado del campo. ¿Qué hacemos?

Comportamientos observados
(generalmente)

- El grupo se ha abierto, lo que permite al balón desplazarse hacia adelante.

- El portador del balón es capaz de quitar de vista el balón. Tomó informaciones de delante. Consigue fijar a su adversario siguiendo orientado hacia adelante.

- Los compañeros se desplazan al lado del portador del balón mirándolo.

- Los adversarios no se juntan ya delante del portador del balón, sino que intentan colocarse en las trayectorias posibles.

Estos comportamientos se explican por el *Proyecto del niño*: hacer progresar el balón hacia adelante utilizando, si es necesario, a los compañeros colocados delante de él.

Objetivos
Teniendo en cuenta el proyecto del niño

Ayudar a los niños: a colocarse en la mejor posición para dar, recibir, interceptar; a atacar o defender en función del balón.

Situación propuesta

Organización material y desarrollo

Terreno delimitado de 40 m x 20 m dividido en tres zonas, grupos de 6 estudiantes, un balón por grupo.

Para marcar un punto, los atacantes conducen el balón en la zona contraria de 3 metros para tirar en el blanco, los defensores les impiden marcar, intentan recuperar el balón para marcar a su vez en el blanco contrario.

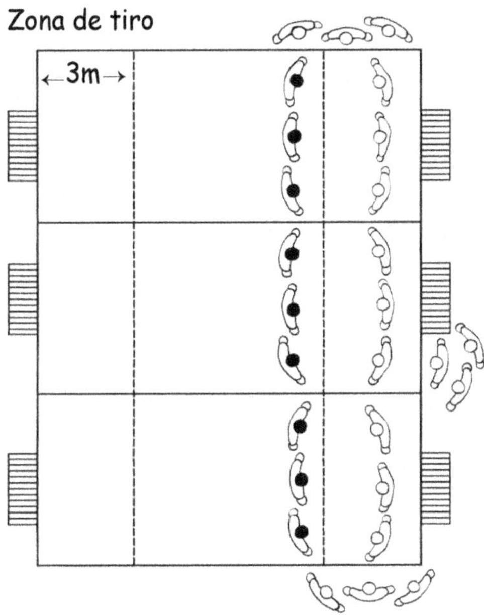

En adelante los niños serán capaces de organizarse colectivamente y de determinar las reglas de funcionamiento que les permitirán construir su fútbol.

Ejemplos de juegos balón en el pie que permiten al niño controlar la conducción y el golpeo del balón

Relevos balón en el pie

- 4 grupos
- 1 balón por equipo
- Material diverso (cajas, barriles, aros, etc.) construyendo los recorridos. Consultar dibujo.

A la señal, los primeros de cada columna salen, balón en el pie, y efectúan el recorrido ida y vuelta haciendo eslalom entre los obstáculos; se paran, balón en el pie, en la zona y van a tocar la mano de los número 2 que efectúan el recorrido a su vez. El equipo que termina de primero su recorrido gana.

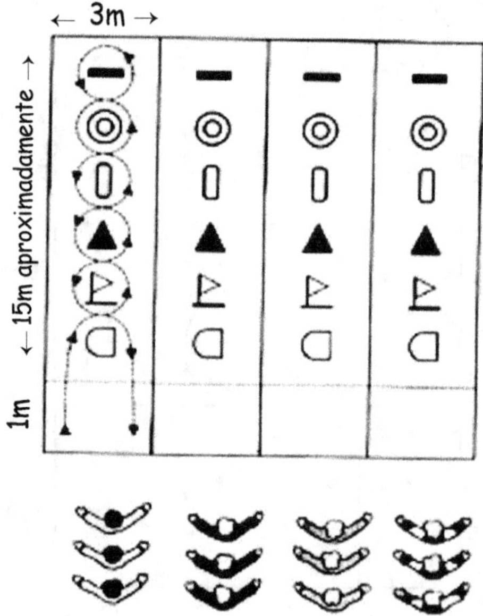

Las reglas de funcionamiento serán establecidas por la clase. Ejemplos:

- Cálculo de puntos.
- pelota salida de sus límites. ....

Balón cronómetro

*   2 grupos
*   2 balones
*   Material diverso (cajas, barriles, ...), constituyendo un recorrido materializado por *puertas*. (Consultar dibujo)

A la señal, el primer jugador del grupo A efectúa el recorrido, balón en el pie, y lo transmite al jugador siguiente en el aro, al mismo tiempo, los jugadores del grupo B van haciendo pases con el pie y los cuentan, cuando todos los jugadores del grupo A han efectuado el recorrido, se contabiliza el número total de pasos realizados por los jugadores del grupo B se invierten a continuación los roles.

Las reglas de funcionamiento serán establecidas por la clase.

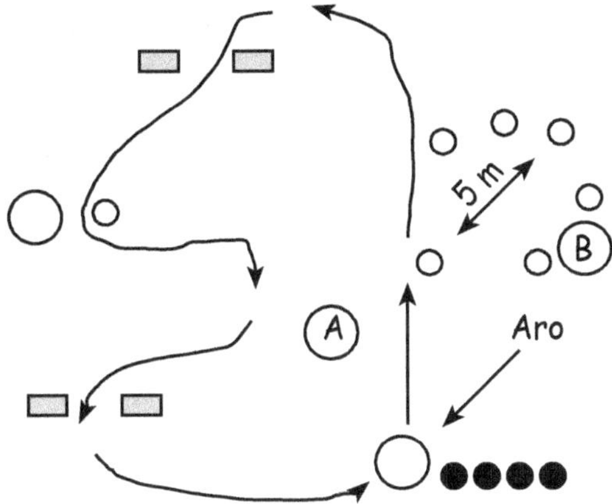

Balón en el blanco

*   4 grupos
*   1 balón por grupo
*   4 blancos de 1 m^2 aproximadamente
    (Ejemplo: una gran caja)

Todos los jugadores tienen que tirar desde cada línea (situada aproximadamente a 5 m, 7 m, 9 m, de los blancos)

Se totaliza:

*   Para cada jugador, el número de puntos obtenidos.
*   Para cada equipo, el número de puntos obtenidos por el conjunto de sus jugadores.

El equipo que ha marcado el mayor número de puntos gana el juego.

5 m línea n° 1: 1 punto
7 m línea n° 2: 2 puntos
9 m línea n° 3: 3 puntos

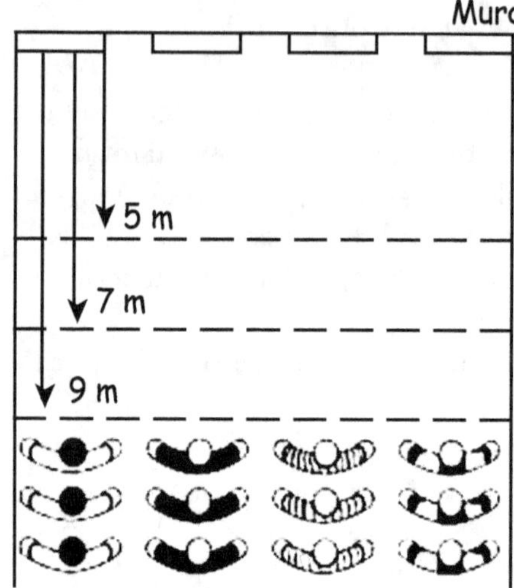

Ejemplo de juego colectivo balón en el pie

Pase a 10 evolutivo

* Terreno delimitado de 20 m x 20 m aproximadamente dividido en dos zonas.

* Grupos de 6: dos grupos (A y B) por terreno.

* 1 balón por grupo

Juego 5 contra 1

- En una zona, cinco jugadores del equipo A intentan hacer entre ellos 5 pases consecutivos, un jugador oponente del equipo B intenta interceptar el balón. En la segunda zona, cinco jugadores del equipo B se oponen a un jugador del equipo A.

- Cuando se consiguen los cinco pases el equipo se lleva la partida.

Evolución del juego

- 4 contra 2
- 3 contra 3

Las reglas de funcionamiento serán establecidas por la clase. Ejemplos: cálculo de puntos, devolver el pase...

El niño juega con tacos

Los tacos y los desplazamientos

- Tacos empujados con el pie: charranca, eslalom, desplazamientos con cambio de dirección...

- Tacos en el suelo, y considerados como elementos de estructuras rítmicas.

Ejemplo:

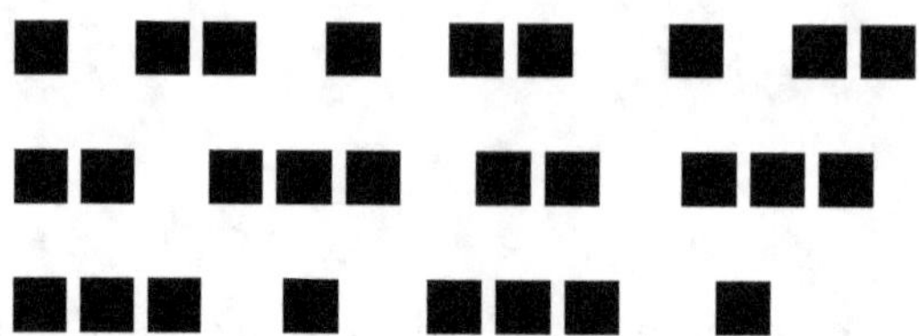

Los tacos y los equilibrios

- Desplazarse con el taco en equilibrio en alguna parte del cuerpo (cabeza, hombro, dedos, pies...).

- *Juegos de proeza*, taco en equilibrio.

- Ejemplo: agacharse, recoger una piedra, volverse a levantar; hacer un recorrido sobre una línea, una cuerda...; subirse a un banco, hacer pasos grandes de aro en aro, etc...

- *La carrera de camareros*, un bolo o una botella de plástico lastrada colocada sobre un taco.

- Tacos colocados en línea: atravesar el río sin caer al agua, el *franqueo del vado*: ¿cómo atravesar el río con tres tacos en mano?

Taco: trozo de madera, de contraplacado, de madera aglomerada de 10 a 12 cm de lado por 1 a 1.5 cm de espesor aproximadamente.

Los tacos y los lanzamientos

Manipulaciones diversas, ejercicios de prensión, de habilidad manual y de reflejo.

Ejemplos: Un taco sujetado entre otros dos, dejarlo caer y volverlo a coger.

- Lanzar-coger (uno sólo, por parejas), con un taco, con dos tacos...

- Lanzar plano, de forma que el taco no rebote.

- Lanzamiento de destreza en aros colocados en el suelo, cajas, intervalos delimitados....

- Derribar los bolos.

- Lanzamiento a lo lejos, con o sin impulso.

- *Juegos de proeza*: se anuncia el color del aro donde se apunta o el número de puntos atribuido a la zona escogida como blanco, etc.

Los tacos y los juegos

- La peste alta
- La charranca (coscojita)
- Juego de bate
- Hockey (un taco y bastones)
- Juegos de raquetas (un taco y una pelota)
- Petanca adaptada
- Eslaloms, relevos.

El niño lanza objetos y artefactos

*   Lo más lejos posible para alcanzar un blanco fijo o móvil

Objetivo

Ayudar al niño a adaptar su gesto a los artefactos que ha de lanzar

Situación propuesta

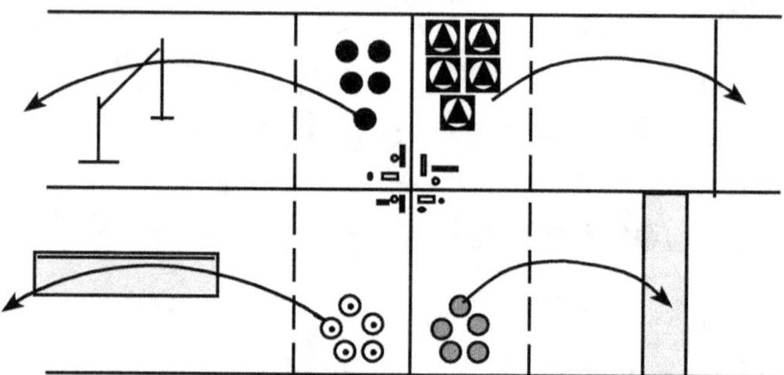

*   La clase se divide en cuatro grupos.

*   Cada grupo se coloca por ejemplo en cuarto de terreno, donde están dispuestos artefactos esféricos (ejemplo: un balón de básquet, un balón de balonmano, un balón medicinal ...), artefactos planos (ejemplos: un aro de caucho, un saco lleno de granos o de arena de 20 cm de lado, un aro ...), artefactos alargados (ejemplo: un palo de escoba, un bastón ...).

*   La finalidad de los lanzamientos es diferente para cada cuarto de terreno (ejemplo: lanzar lejos para sobrepasar una línea, lanzar lejos en un

pasillo, lanzar por encima de una cinta elástica, lanzar con precisión en una zona ...).

- Pedir a los niños que escojan un artefacto y que lo lancen a la señal.

- Rotación de los grupos para permitir a los niños que lancen.

Comportamientos observados
(generalmente)

Los comportamientos son muy diversos. Su observación puede llevar sobre tres aspectos principales:

- Colocación de los apoyos:
    - Pies en la misma línea.
    - Un pie delante, uno detrás (pie de delante del lado del brazo lanzador o pie de delante opuestos al brazo lanzador).

- Colocación del artefacto sobre una *rampa de lanzamiento*:
    - Con dos o una mano.
    - Con toda la mano o con los dedos.

- Movimiento propulsor:
    - Con el brazo flexionado
    - Con el brazo armado
    - Por báscula del cuerpo
    - Por rotación del cuerpo
    - Por empuje

Intervenciones posibles del maestro y de los niños propuestas de situaciones que permitan mejorar los comportamientos.

Partiendo de la situación propuesta, los niños ayudados por el maestro, hallan un repertorio de las formas de lanzar.

Las utilizan en varias sesiones, lanzando de todas las maneras posibles. Al final de estas sesiones, el niño debe haber adaptado lo mejor posible su gesto al objeto a lanzar en función del objetivo perseguido (lanzar lejos, lanzar con precisión).

Objetivo

Ayudar a lanzar lo más lejos posible.

Situación propuesta

Los niños escogen cuatro artefactos característicos (ejemplo: un balón de básquet, un balón de balón mano, un balón medicinal, un bastón de 0,70 m).

- Colocarlos en un gran terreno cuadrado, espalda contra espalda sobre dos líneas paralelas.

- Hacer lanzar cinco o seis veces cada artefacto lo más lejos posible antes de cambiar.

- Un grupo lanza, un grupo observa.

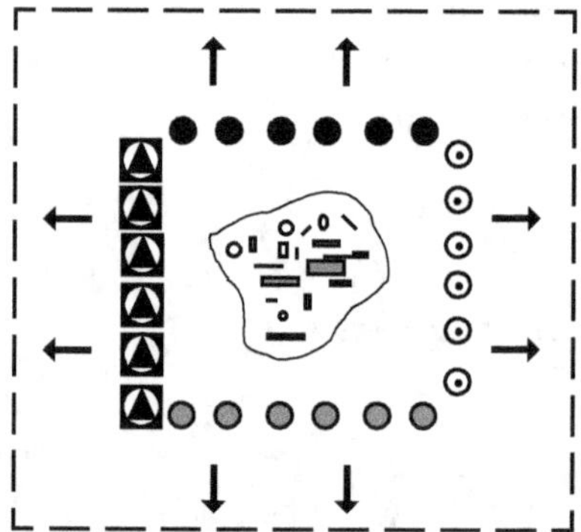

Comportamientos observados
(generalmente)

A nivel de la colocación de apoyo: Algunos niños lanzan todavía con el pie de delante *lado del brazo lanzador.*

A nivel de movimiento propulsor:

*   Únicamente lanza el brazo.

*   Las piernas están extendidas y juntas.

*   El peso del cuerpo está permanentemente sobre la pierna de delante.

*   El tronco se flexiona hacia delante con el fin de lanzar.

*   Si hay lanzamientos en rotación, el artefacto no se suelta en el eje del lanzamiento.

*   Si se lanza con el brazo flexionado, el artefacto es lanzado como una piedra que se quiere hacer rebotar, ya sea empujándolo por encima de la cabeza.

*   Si hay empuje por encima de la cabeza, el niño coloca su(s) brazo(s) delante, codo(s) enganchado(s) al cuerpo.

A nivel de las trayectorias: las trayectorias son imprecisas.

> *Intervenciones posibles del maestro y de los niños propuestas de situaciones que permitan mejorar los comportamientos.*

Para aumentar la cantidad de energía propulsiva

*   Lanzar fuerte contra un muro para hacer rebotar la pelota o el balón lo más lejos posible hacia atrás.

*   Lanzar fuerte al suelo para hacer rebotar lo más alto posible.

Para actuar sobre el movimiento propulsor

Ejemplo: lanzar lo más lejos posible los diferentes artefactos, por encima de obstáculos de altura diversas (elásticos, barra transversal de portería,...) a través de aros suspendidos en alturas variables, debiendo situarse los niños a distancias diferentes con relación al obstáculo o aro.

Los niños con la ayuda del maestro intentan, así mejorar sus comportamientos:

* A nivel de la colocación de los apoyos (generalmente pie delante opuesto al brazo lanzador).

* A nivel del movimiento propulsor (lanzar con *todo el cuerpo*: piernas, tronco, brazos).

Objetivo

Ayudar al niño a lanzar lo más lejos posible con impulso.

Situación propuesta

Los niños por parejas, los número uno lanzan el balón medicinal lo más lejos posible, con impulso a su elección; los números dos sitúan y materializan el punto de caída, después vuelven a pasar a los número uno que vuelven a lanzar varias veces (tener cuidado con la seguridad).

Comportamientos observados

- El niño corre, se para, y después lanza.
- El niño invierte sus apoyos con relación al brazo lanzador.
- El niño realiza un gesto pobre: sólo intervienen la muñeca y el antebrazo.
- La velocidad de ejecución es insuficiente
- El niño lanza ya sea saltando, ya sea con un pequeño bote.

Comportamientos esperados

- El niño encadena carrera y lanzamiento sin marcar una parada.

- En el momento de lanzar el artefacto, los apoyos están orientados en la dirección del lanzamiento; el pie de delante es el opuesto al brazo de lanzamiento.

- El movimiento propulsor empieza con el artefacto colocado lejos detrás del cuerpo.

- Al final del lanzamiento la velocidad es máxima.

Intervenciones posibles del maestro y de los niños propuestas de situaciones que permitan mejorar los comportamientos.

- Lanzar la pelota medicinal, coordinando dos acciones:

Ejemplo:

Lanzar dando saltitos
Lanzar saltos mayores

Lanzar caminando
Lanzar corriendo

- Volver a la situación de partida, lanzar lo más lejos posible:

Ejemplo:

En el momento escogido por el niño
Al pasar por una zona
Franqueando una línea

- Utilizar a continuación artefactos variados en cuanto al peso y de formas diferentes (balones, bastones, aros, ...) debiendo el niño adaptar su impulso al aparato a lanzar.

Objetivo

Ayudar al niño a efectuar lanzamientos precisos.

Situación propuesta

Niños por parejas: los número uno lanzan (balones medicinales, balones de tallas y pesos diferentes, aros, sacos de arena, ...) los números dos recuperan los aparatos y lanzan a su vez.

- Varios ensayos en cada blanco, pasar por todos los blancos.

- Ejemplos de blancos pudiendo ser fácilmente colocadas en un patio de escuela, en un gimnasio, ...

Blancos horizontales en el suelo (ejemplos: aros, líneas trazadas, cuerdas, tablas, cajas, toneles, ...) (ejemplos: aros del panel de básquet, caja, ...)

Blancos verticales (ejemplos: zonas trazadas en la pared, aros suspendidos, panel de básquet).

El niño juega pelota en mano

Propongamos a los niños que jueguen pelota en mano

Es necesario

Marcar goles al adversario utilizando las manos.

Ser alternativamente atacante o defensor según que nuestro equipo tenga o no el balón.

Evitar toda acción peligrosa.

Organización material

- Terreno delimitado de 40 m x 20 m aproximadamente
- Equipo de 5 a 7 jugadores
- Portero según petición de los niños
- 1 balón esférico

Comportamientos observados
(generalmente)

- El conjunto de los jugadores se agrupa alrededor del balón.

- Todos quieren coger el balón y conservarlo.

- Todos los jugadores están orientados hacia el portador del balón que se protege *cerrándose* en sí mismo y girándose.

Estos comportamientos se explican por el *Proyecto del niño: apropiarse del balón.*

Objetivo
Teniendo en cuenta el proyecto del niño

Ayudar al niño a organizarse para recibir el balón y conservarlo, en presencia de un adversario, para alcanzar un blanco o marcar un gol.

Situaciones de base propuesta

Organización material y desarrollo

- Terreno dividido, si es posible en tres zonas de 20 m x 10 m aprox. estando cada zona repartida tal como lo indica el dibujo;

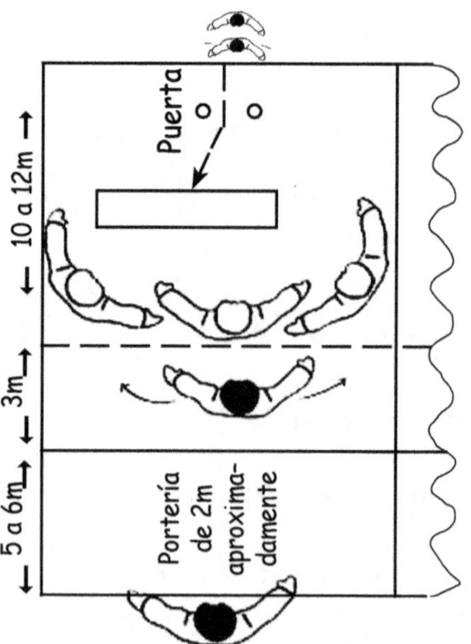

- En cada zona tres grupos de tres jugadores alternativamente atacantes, pasadores, defensores; cada pasador tiene un balón.

- Cada atacante, por turno, corre, franquea la puerta, se dirige hacia el pasador que levanta la pelota; recibe un pase corto y prosigue con un desplazamiento en dribling para ir a tirar a la portería en 6 metros de ésta, evitando al defensor.

- El defensor, sin brutalidad y sin salir de su zona, impide al atacante alcanzar la línea de tiro; si se hace con la pelota, la conduce en dribling hasta los pasadores.

Cálculo de puntos según la iniciativa de los niños.

Comportamientos observados
(generalmente)

- El atacante no controla su dribling y pierde la pelota.

- Golpea frecuentemente al defensor.

- No encadena la carrera y el lanzamiento.

- Corre con el balón en las manos.

Variante a la situación de base en las que el defensor será cada vez más móvil

Terreno dividido en zonas de 20 m x 10 m aprox. (cfr. los dibujos)

Variante No. 1

Blancos: cajas o barriles.
Obstáculos: aros, barriles, banderillas.

En cada zona, conducción de la pelota en dribling hasta la línea de tiro hasta alcanzar el blanco.

Encadenar carrera-tiro evitando los obstáculos colocados sobre el recorrido.

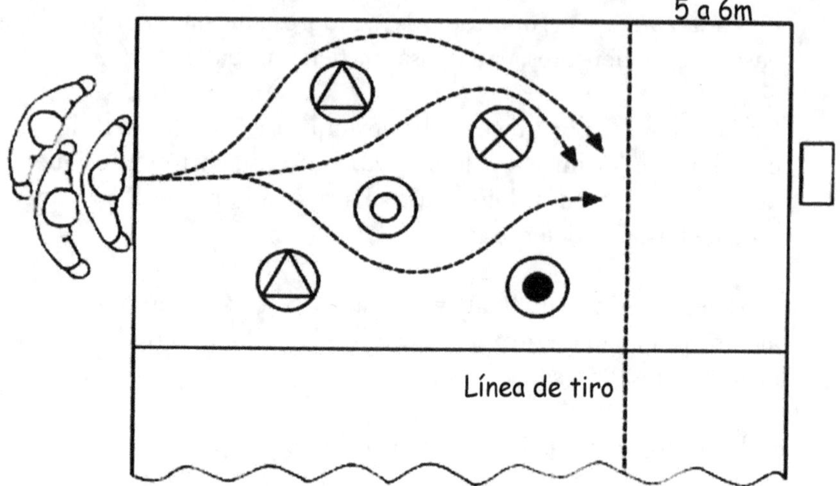

Modificar los itinerarios para llegar al encadenamiento dribling-tiro desde diferentes lugares.

Variante No. 2

El jugador uno lanza a pelota en el aire, por delante de la columna 2. El primer jugador de esta columna corre para coger la pelota que rebota, la conduce en dribling hasta la zona de tiro y tira en dirección del blanco.

Defensores colocados en aros, sin salir molestan al portador del balón en su progresión y en su tiro.

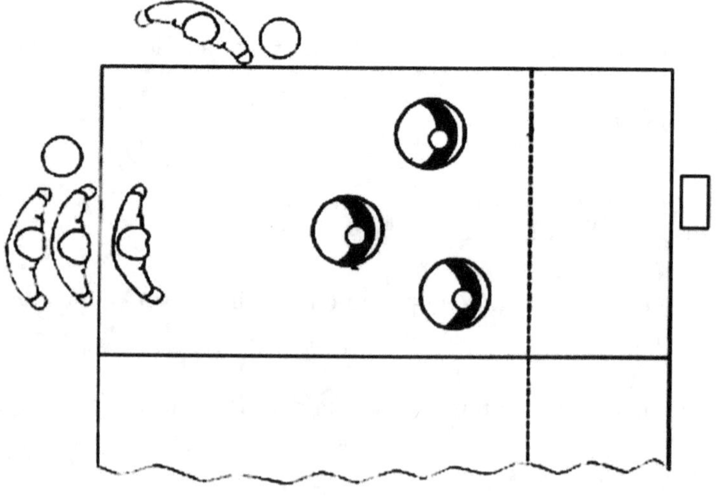

Variante No. 3

Organización idéntica

Los defensores pueden sacar un pie del aro.

Volvamos al juego global
(*permitiendo una evaluación*)

Comportamientos observados
(*generalmente*)

- Los jugadores se agrupan menos alrededor del balón. Ya no intentan apropiárselo cuando el compañero lo tiene en su posesión.

- Inicio de diferenciación de roles atacante-defensor.

- Los compañeros se alejan del portador de la pelota; se colocan frecuentemente lejos, en la proximidad de la portería.

- Los adversarios *acosan* siempre al portador de la pelota.

- El portador de la pelota intenta progresar solo, botando hacia la portería.

- El balón progresa poco hacia la portería.

- Estos comportamientos se explican por el *Proyecto del niño: "quiero y puedo en adelante " rebasar" a mi adversario"*.

Objetivo
Teniendo en cuenta el proyecto del niño

Ayudar a los niños a organizarse para rebasar a los adversarios y hacer progresar el balón hacia el blanco.

Situación de base propuesta

Organización material y desarrollo

* 3 contra 2.
* Terreno dividido en tres zonas de juego de 20 m por 10 m aprox.
* Dos grupos de 3 por zona.
* Un balón por zona de juego.

* Saliendo de su línea de portería los tres atacantes se organizan para *transportar* la pelota y tirar en el blanco.

* Cuando el portador de la pelota no es atacado, debe progresar botando en dirección al blanco.

* Cuando es atacado, no debe intentar rebasar a su adversario sino que debe pasar la pelota a un compañero.

* Cuando los defensores cogen la pelota, intentan realizar el mismo proyecto en sentido inverso.

Sistema de cálculo de puntos a establecer entre los niños.

Variable: tres contra tres.

Comportamientos observados
(generalmente)

* El portador de la pelota controla difícilmente sus desplazamientos y la conducción de la pelota.

* Únicamente toma informaciones delante cuando puede progresar (*choca* frecuentemente con el defensor).

- Los compañeros están frecuentemente demasiado alejados del portador de la pelota. No tiene en cuenta su posición en relación a los defensores.

Variantes a la situación de base

Variante No. 1

Terreno dividido en tres zonas de 20 m x 10 m. Una portería de 2 m aprox. un portero.

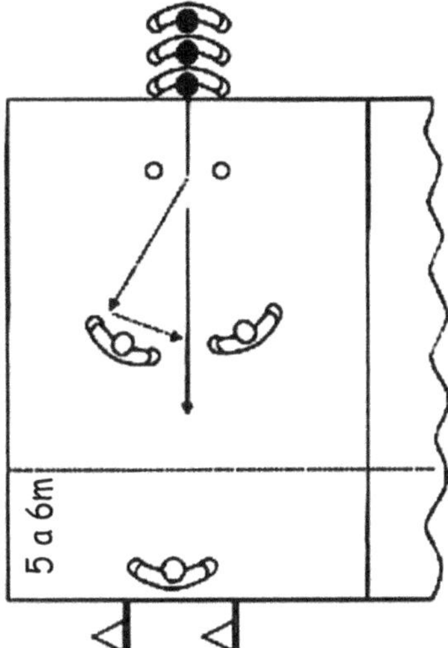

Progresar en dirección a la portería botando. En el paso por la puerta, mirar a los pasadores y dar la pelota al que levante la mano.

El jugador continúa su carrera, recibe la pelota del pasador y encadena un tiro a la portería desde la línea de tiro.

El retorno al juego global de salida debe ser permanente

Variante No. 2

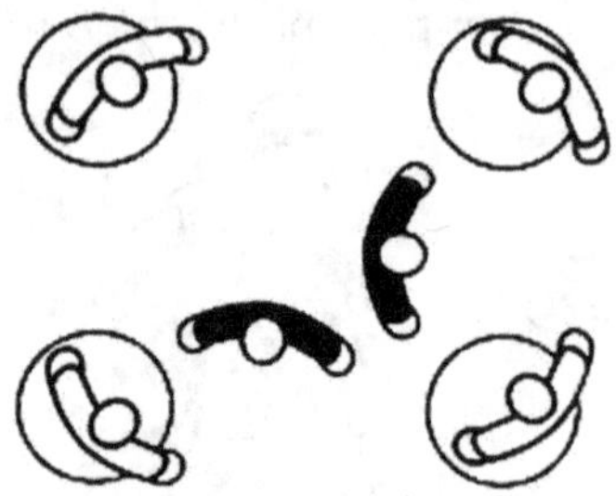

Cuatro aros distantes de 5m aproximadamente, dispuestos en cuadrado.

Tres atacantes colocados cada uno en un aro. Un aro vacío. Dos defensores.

Se trata, para el jugador en posesión de la pelota en un aro, de conducir la pelota botándola hasta el aro libre (portería). Cuando no pueda salir, por causa de un defensor debe pasar la pelota a un compañero que a su vez intentará alcanzar el aro vacío.

Cuando un jugador ha dejado su aro con el balón y no puede llegar a la portería, debe, antes de pasar la pelota a un compañero, volver a su aro.

Cálculo de puntos a determinar por el grupo de clase.

Variante No. 3

Misma organización pero cuando el portador del balón es *cogido* por un defensor entre su aro y la portería, puede, sin volver al punto de partida, pasar la pelota a un compañero.

Todas las formas de blanco. Porterías, cajas, barriles, aros de básquet, zonas diversas, etc... son utilizables.

Ejemplos de juegos pelota en mano que permiten al niño controlar mejor

La conducción de la pelota, el pase, el tiro.

Derribar los bolos

- Dos equipos
- Varios balones
- 1 bolo por jugador; dos colores de bolos (uno por equipo).
- Disposición: cada equipo intenta derribar los bolos de su color.

- Cálculo de puntos a determinar por el grupo de clase.

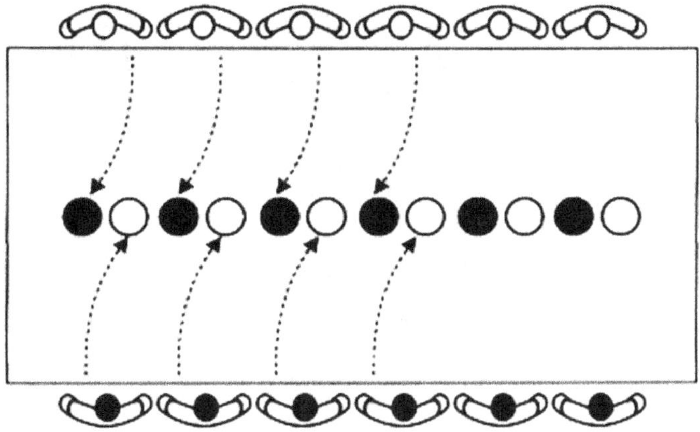

Variante

Los bolos están colocados uno detrás de otro (ver croquis).

Mismas tareas.

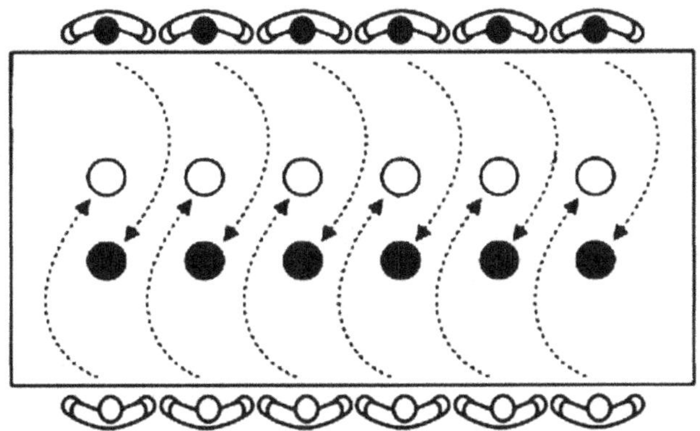

Recorrido-relevo en dribling

Reglas de funcionamiento a determinar por el grupo de clase.

Estos juegos *pelota en mano* se pueden utilizar en complemento de situaciones propuestas anteriormente.

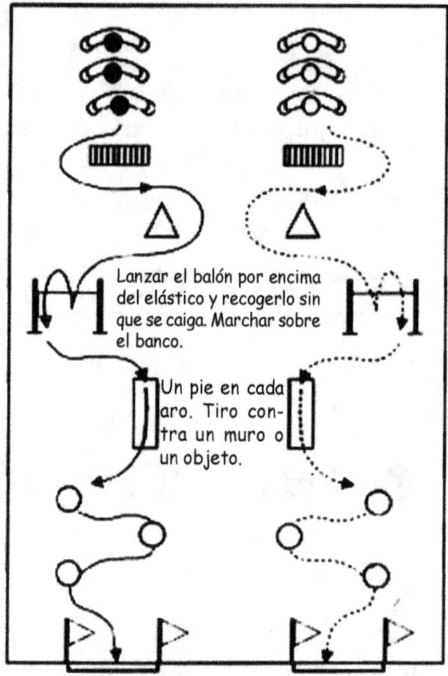

Balón castillo

*   La clase está dividida en 3 ó 4 grupos.
*   Un balón por grupo.
*   En cada juego, cinco bolos en el interior de un círculo de 5 m de diámetro aproximadamente.
*   Disposición: ver el croquis.
*   Los jugadores colocados en el exterior del círculo intentan derribar los bolos. Uno y más tarde dos jugadores colocados en el interior del círculo protegen los bolos.
*   Reglas de funcionamiento a determinar por el grupo-clase.

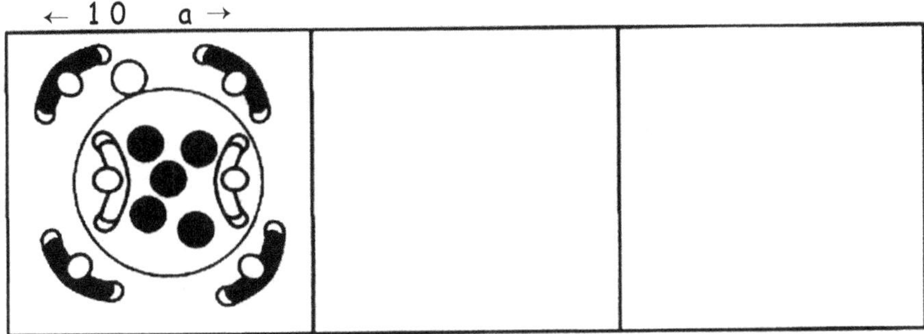

Variante balón- piquete

El, los defensor(es) están colocados en el interior del círculo.

La pelota a la portería

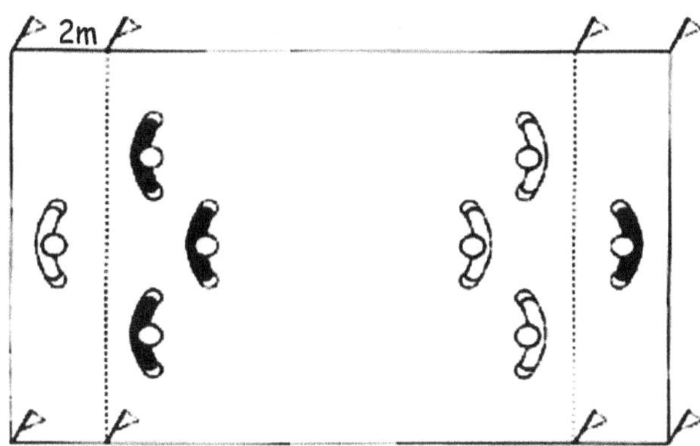

- Terreno delimitado de 10 m x 20 m aproximadamente.
- 2 zonas de portería de 2 m aproximadamente.
- Equipos de 4 a 5 jugadores distinguidos por pañuelos de colores diferentes.
- Balón esférico.

Desarrollo

- El portador de la pelota debe con o sin ayuda de sus compañeros, pasar la pelota al compañero móvil colocado en la zona de portería, prohibida a los jugadores.
- El equipo que no tiene el balón intenta cogerlo para realizar una tarea idéntica.
- Cálculo de puntos a determinar por el grupo- clase.

Tiro a las liebres

- Dos equipos (los cazadores y las liebres)
- Varios balones o pelotas

Desarrollo

- Las liebres intentan llegar al otro lado del pasillo sin que los toquen los cazadores.

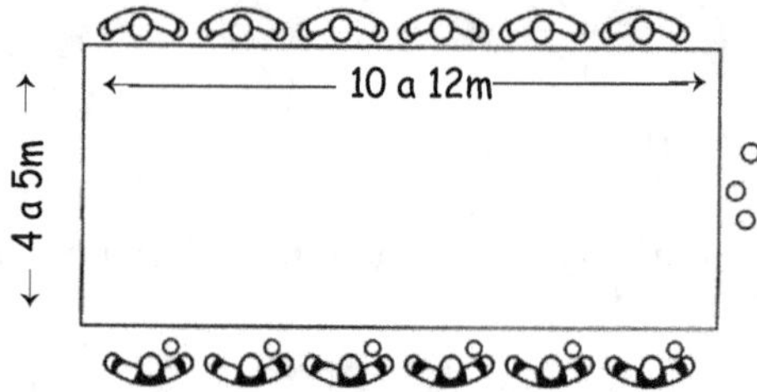

- Una liebre tocada no está eliminada; contar los toques y cambiar los papeles.
- Reglas de funcionamiento a determinar por el grupo de clase en función de la evolución del juego:

  - Todas las pelotas están colocadas en el mismo lado o repartidas a un lado y a otro del pasillo.
  - Todas las liebres salen juntas o una después de otra.

El niño salta

En el ciclo inicial, el niño

- **ha saltado sólo**
- **ha saltado con los demás**

sin o con material
jugando

Objetivo

Ayudar al niño a:

*   Efectuar los saltos que se adaptan mejor a los obstáculos.
*   Diferenciar los impulsos (en la orientación, la intensidad), y las caídas (con un pie, con dos pies).

Situación propuesta

*   Hacer construir por los niños obstáculos altos y obstáculos largos.
*   Franquearlos tras una carrera (sin apoyo de las manos)

Material: Pilones, tablas, cajas, aros, barriles, bancos, ...

Comportamientos observados
(generalmente)

*   Los niños se precipitan sobre el material.
*   Trabajan individualmente o se organizan por pequeños grupos.
*   Construyen obstáculos muy variados: bajos, cortos, muy altos, muy largos, voluminosos, ...

En los franqueos

*   Algunos niños se paran frente a los obstáculos, o bien los pasan caminando o los pasan en la carrera (corriendo pero sin saltar).
*   No adaptan sus saltos a los obstáculos.
*   Franquean los obstáculos siempre de la misma manera.

Intervenciones posibles del maestro y de los niños propuestas de situaciones que permitan mejorar los comportamientos

- El maestro invita a los niños a modificar los obstáculos; en estas situaciones diferentes los niños podrán escoger los obstáculos adaptados a sus posibilidades.

- Variar las batidas y las caídas.

Ejemplos:

1. *Variar la construcción de los obstáculos*

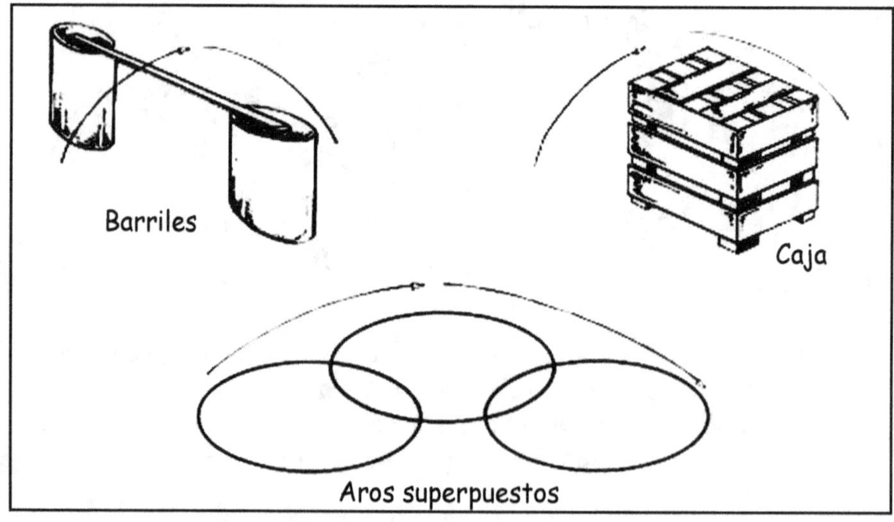

2. *Asociar varios obstáculos*

Efectuar recorridos de saltos franqueando varios obstáculos dispersos sobre el terreno:

- Varios obstáculos de la misma altura o de la misma longitud.
- Varios obstáculos de alturas (o longitudes) diferentes; efectuar el recorrido franqueando los obstáculos del menos alto al más alto (del menos largo al más largo).
- Varios obstáculos variados en altura y en longitud.

3. *Variar las batidas y las caídas*

Correr y tomar el impulso

Con dos pies

Con un pie

Con un pie delante de la marca

Con un pie entre la marca y el obstáculo

Con un pie dentro del aro

Un pie sobre un pequeño obstáculo

Sobre los dos pies *Sobre el pie contrario al de batida*

Comportamientos esperados

Los niños son capaces de generar

- De adaptar sus saltos a los obstáculos: diferencian sus impulsos según se trate de obstáculos altos y de obstáculos largos.
- De franquear estos obstáculos variando las batidas y las recepciones (imitación de un compañero, consignas, ...)

Objetivo

Ayudar al niño a efectuar sus saltos por encima de obstáculos bajos.

Situaciones propuestas

- Hacer construir por los niños recorridos con obstáculos.
- Franquearlos encadenando los saltos.
  Material: pilones, tablas, cajas, aros,...

Comportamientos observados
(generalmente)

En la construcción de los recorridos

- Los niños escogen su material individualmente o por pequeños grupos.
- Construyen sus recorridos ya sea con el mismo tipo de material (ejemplo: pilones), ya sea con materiales diferentes (ejemplo: recorridos con aros, pilones y tablas).
- Dispone los obstáculos tanto juntos los unos contra los otros como separados regular o irregularmente.

En los franqueos

- *Los niños efectúan su recorrido encadenando*
  - Frecuentemente saltos idénticos (ejemplo: zancadas).
  - Algunas veces saltos diferentes (ejemplo: zancadas y saltos a la pata coja).
- *Franquean los obstáculos y*
  - Los pasan corriendo (sin saltar).
  - Botan sobre la punta de los pies.
  - Van cada vez más de prisa.
  - Aminoran la marcha, se paran después de algunos botes.
  - Se *hunden* y no pueden volver a saltar.

> *Intervenciones posibles del maestro y de los niños propuestas de situaciones que permitan mejorar los comportamientos.*

El maestro invita a los niños a realizar numerosos recorridos variando:

1.   *Los obstáculos que los componen*

- Idénticos para todo el recorrido

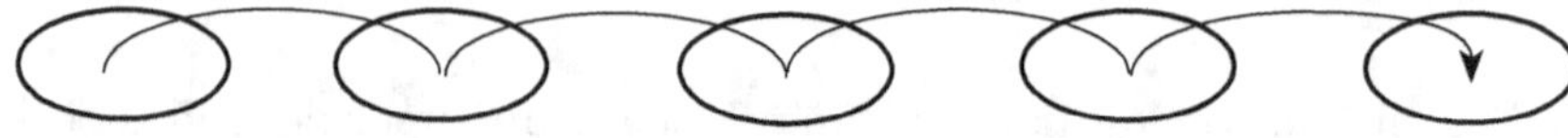

- Diferentes

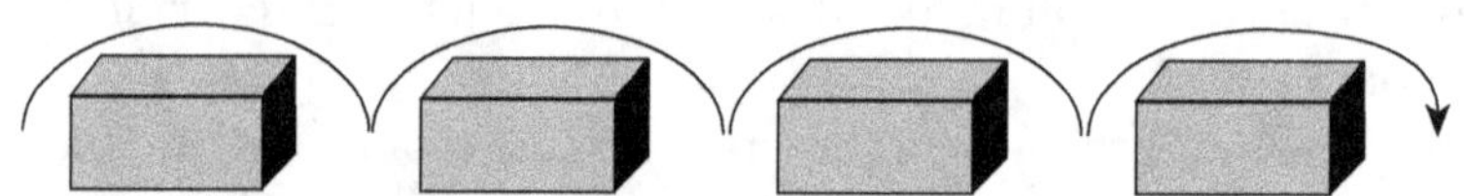

- Repitiéndose o alternados (dos tipos)

- Indiferentemente dispuestos (tres tipos y más)

2. *Los franqueos utilizados*

• Franqueos idénticos para todo el recorrido: (cfr. dibujos)

• Dos franqueos diferentes:

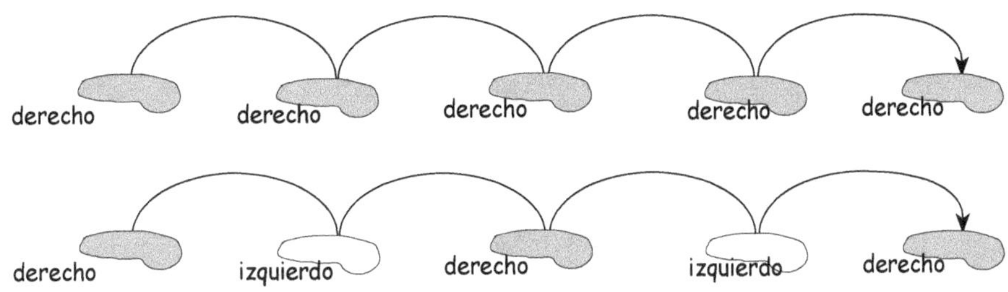

Ejemplos: pata coja y zancada, pata coja y pies juntos.

Con
• Un solo cambio a lo largo del recorrido.
• Un cambio y vuelta al primer salto.
• Varios cambios.
• Cambios de saltos impuestos al niño (color, marca, obstáculos diferentes, señal sonora, ...) o decididos por el niño.

El maestro propone, para mejorar los botes, efectuar un recorrido siguiendo el ritmo dado por un tambor, palmadas, ..., y botar regularmente utilizando bien *todo el pie*.

Comportamientos esperados

• Todos los niños son capaces de realizar los encadenamientos de los saltos idénticos y diferentes por encima de obstáculos bajos y cortos.

• Si el número de obstáculos es demasiado importante a los intervalos mal adaptados, los niños fracasan.

Objetivo

Efectuar un salto de gran amplitud en altura y en longitud.

Encadenar botes de gran amplitud.

Situaciones de partida propuestas
(trabajo según tareas)

El maestro propone a los niños

1. *Saltar muy alto* después de haber tomado impulso y franqueando un obstáculo construido.

Ejemplo: Una tabla puesta sobre dos barriles, sobre pilones, sobre cajas,...

Una cinta elástica tensada entre dos postes, ...

2. *Saltar muy lejos* después de una carrera de impulso y una batida tomada en una zona ancha de unos cincuenta centímetros.

Ejemplo: saltar para alcanzar la zona numerada más alejada posible.

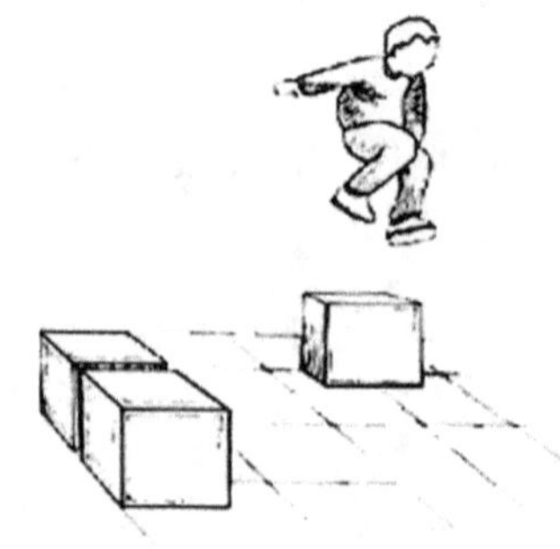

3.   *Ir muy lejos* encadenando saltos idénticos (zancadas o saltos a pata coja) tras una carrera de impulso y una batida realizada en una zona ancha de unos cincuenta centímetros. El número de saltos puede ser variable (de dos a cinco), pero es precisando a los niños de cada repetición.

El niño debe ir lo más lejos posible con relación a la zona de batida efectuando el número de botes precisado.

Ejemplo: alcanzar la zona numerada más alejada posible.

Comportamientos generalmente observados que hacen referencia a la carrera de impulso

Algunos niños

- Toman una carrera corta (por ejemplo: dos metros), otros una carrera larga (más de diez metros) para saltar alto.
- Toman un impulso corto o la mayoría de las veces un máximo retroceso para saltar lejos.
- Hacen pasitos al acercarse al punto de batida.
- Alargan exageradamente las últimas zancadas.
- Salen rápidamente, después aminoran la marcha y saltan con poco impulso.
- Hacen un saltito (a veces un salto) antes de la batida.
- Para saltar alto, efectúan la batida a distancias variables del obstáculo (ya sea lejos o cerca).
- Para saltar lejos corren regularmente pero saltan sin preocuparse de la zona batida.

Situaciones de transformación

- Los niños observan a compañeros en situación.
- El maestro orienta las observaciones y hace comprender que para saltar bien (muy alto, muy lejos), la carrera de impulso debe:
- *Realizarse sin interrupciones hasta la batida:* ajustar progresivamente la carrera a la distancia a recorrer hasta el obstáculo:
- Retener los obstáculos fácilmente franqueables (en altura, en longitud).
- Tomar un impulso bastante corto (por ejemplo cuatro a seis metros) y saltar primero sin precisar la batida, y después precisándola frente al obstáculo.

- *Estar adaptada al obstáculo a franquear:* organizar su carrera de impulso y la batida en función del proyecto (saltar alto, saltar lejos).
- Buscar el impulso que permita el mejor franqueo (alargar, acortar la carrera de impulso, tener una carrera más o menos rápida).
- Retener entre los obstáculos los que necesitan una performance próxima al máximo.

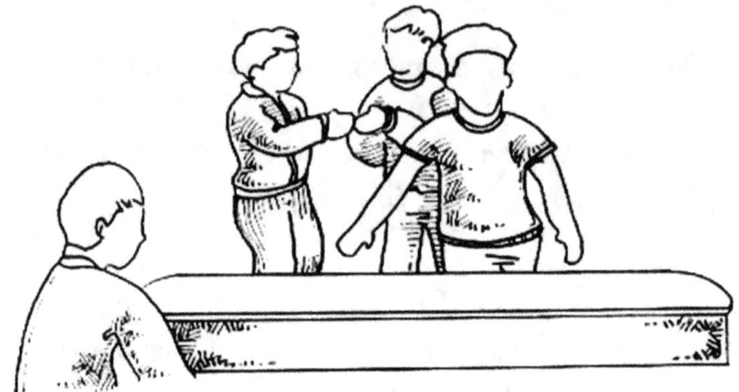

Comportamientos generalmente observados relacionados con los franqueos

Algunos niños

Para saltar alto

- Toman el impulso lejos delante del obstáculo y vuelven a caer lejos detrás (las trayectorias de salto son alargadas).
- Caen sobre el obstáculo (batida muy lejos).
- Tropiezan con el obstáculo al subir (batidas muy cercanas).
- Saltan bajando la cabeza mirando el obstáculo o el suelo.
- Juntan las piernas desde el principio de la suspensión o no flexionan casi las piernas.
- Caen sea sobre los pies, sea sobre un pie, y en este caso continúan a correr.

Para saltar lejos

Efectúan un salto rasante.

- Juntan las piernas desde el principio de la suspensión o bien las lanzan extendidas hacia delante, cuerpo doblado.
- Caen agachados o en pie, piernas extendidas.
- Caen sobre los glúteos y las manos o se desequilibran hacia delante.
- Caen sobre un pie y siguen corriendo.

Para ir lejos

- Hacen algunas series de carreras entre la serie de saltos.
- No realizan la totalidad del encadenamiento (se bloquean después de uno o varios saltos).
- Encadenan saltos rápidos, cortos, rasantes y de tamaños diferentes.

Situaciones de transformaciones

Para saltar alto y lejos

1. Ayudar a los niños a controlar sus actitudes pidiéndoles que efectúen, después del impulso, saltos en los cuales serán *activos* en suspensión (la calidad del gesto importa poco).

Ejemplos: Saltar con una pierna flexionada, las dos piernas agrupadas, las dos piernas extendidas y juntas, las dos piernas extendidas y separadas...

Ejemplos: Saltar y efectuar un cuarto de giro, medio giro, un giro completo...

2.   Ayudar a los niños a mejorar sus impulsos.

Ejemplo: Tocar un objeto suspendido con la cabeza.

Ejemplo: Empujar mucho tiempo con la pierna de batida y mantener la misma posición el mayor tiempo posible. Caer sobre la pierna de batida (pata-coja) o sobre la otra (zancada).

3.   Tomar la batida en un lugar más elevado, lo que aumenta el tiempo de suspensión y por tanto la actividad.

Para ir más lejos encadenando los saltos

Variación a la situación de partida; con zancadas largas y saltos a pata coja, después de una carrera de impulso y de una batida realizada en una zona ancha de cincuenta centímetros aproximadamente, el niño debe franquear una distancia en un mínimo de saltos.

- El maestro hace observar que los mejores encadenamientos están realizados por los niños que efectúan saltos de amplitud sensiblemente igual.
- Coloca pues un recorrido con los obstáculos regularmente espaciados. Hace variar los intervalos entre los obstáculos de un recorrido a otro; los niños escogen los recorridos que les convene más.
- Instala algunos recorridos más complejos, por ejemplo con obstáculos cada vez más largos.

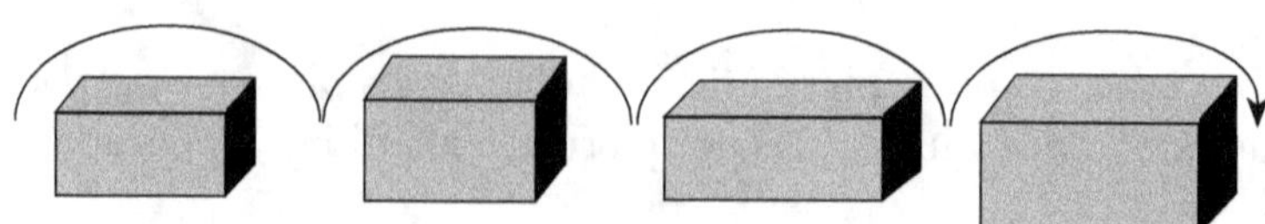

El niño corre

- Rápido, solo
- Rápido con los demás
- Rápido, franqueando obstáculos
- Mucho tiempo (en endurance)

En el ciclo inicial, el niño:

- Ha corrido solo.
- Ha corrido con los demás
- Sin o con material
- Jugando

El niño corre *rápido solo*

Objetivo

Ayudar al niño a: salir rápido dada una señal, correr rápido desde la salida hasta la llegada.

Situación propuesta

A la señal, corro lo más rápido posible hasta la llegada

- Varios equipos tras una línea de salida.
- A la señal, los números uno salen; el primero que franquee la línea de llegada situada a unos treinta metros, se lleva un punto para su equipo; después salida de los número dos, tres, etc...

Comportamientos observados
(generalmente)

- Pocos niños salen a la señal.
- Muchos frenan, algunos se paran antes de la llegada.
- En salida, las piernas están estiradas y juntas, la mirada dirigida hacia el profesor.

- Tras los primeros metros de puesta en marcha, algunos niños adoptan un ritmo regular y lo conservan.
- Otros van muy de prisa, después disminuye el ritmo inclinando la cabeza y el tronco hacia atrás (*aminoramiento de la marcha frecuente producida por una crispación debida a la proximidad del adversario o a una gran ventaja*), otros aceleran al final de la carrera.

> *Intervenciones posibles del maestro y de los* estudiantes *propuesta de situaciones que permitan mejorar los comportamientos.*

El maestro incitará a los niños a imaginar, o a falta de ello, propondrá él mismo:

- Juegos de correr de prisa con el fin de que los niños consigan:

    - Pasar lo más rápidamente posible, dada una señal, de una posición inmóvil a una carrera.
    - Adoptar una posición de partida más eficaz para *entrar rápido* en carrera.
    - Correr rápido desde la salida hasta la llegada e incluso más allá.

- Situaciones con el fin de que consigan:

    - Reconocer y controlar las nociones de aceleración, de desaceleración, de similitud de velocidades.

Ejemplos de juegos de correr rápido

* *Cuatro equipos*

    – Al ser nombrado el número de un jugador, éste debe dar la vuelta, saliendo y corriendo lo más rápido posible, entrar por un sitio y tocar el balón.
    – El primero se lleva un punto para su equipo.

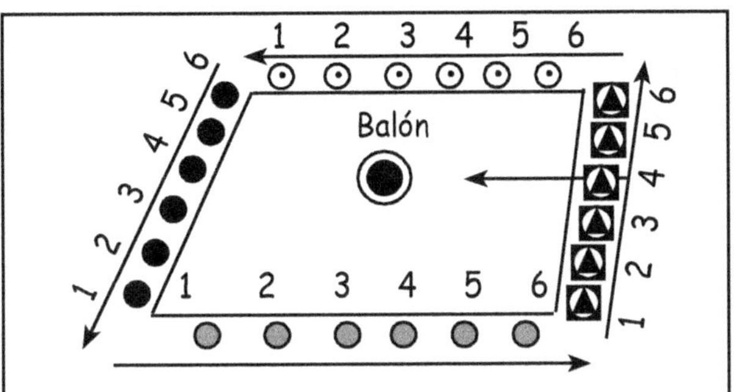

* *En equipos*

    – A la señal, los número uno salen y corren lo más rápido posible, recogen el pañuelo en un aro, pasan alrededor de una banderola, depositan el pañuelo en el aro y franquean la línea de llegada.
    – El primero se lleva un punto para su equipo.
    – Carrera de los número dos, etc.

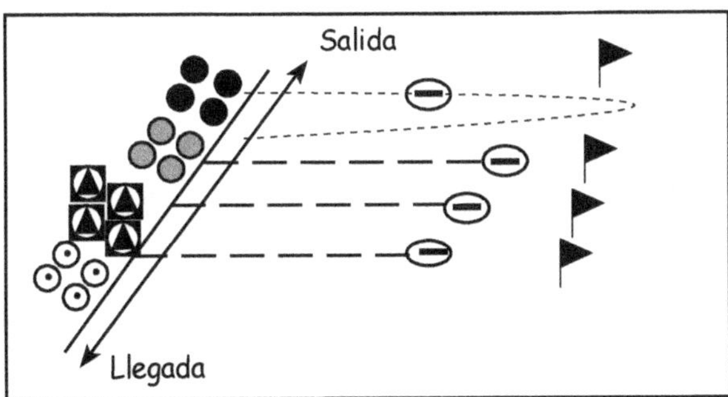

* *Dos equipos, los niños colocados por parejas*

    – El maestro cuenta una historia en la cual las palabras convenidas (aquí verde-rojo) son pronunciadas.
    – Si por ejemplo, la palabra verde es pronunciada, el equipo A debe escaparse y cada jugador de B debe tocar su adversario directo

antes de que franquee la línea XX; a la inversa, la palabra es
rojo.

– Cada niño que toque a su adversario antes de la línea se lleva un
punto para su equipo.

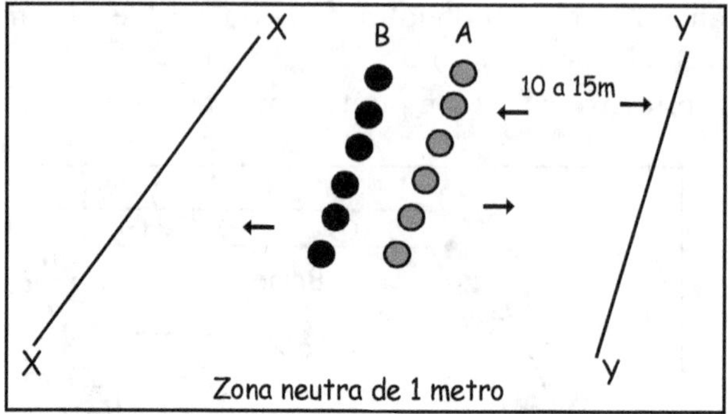

• En equipos (cuatro por lo menos)

– A la señal, los número uno corren lo más rápido posible hasta la
llegada y toman el pañuelo situado frente a su equipo.
– El primero en tomar su pañuelo se lleva un punto para su equipo.
– Carrera de los números dos, etc.

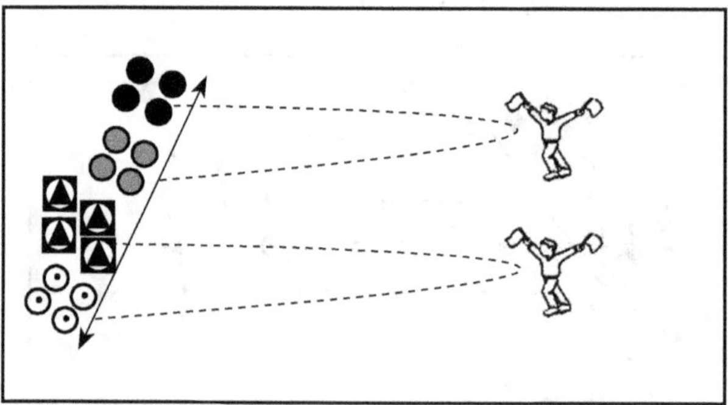

Variables

• Modificar el trazado (formas, distancias), los sentidos de rotación,...
• Variar las posiciones de salida:
Ejemplos:

En pie: pies juntos, separados; piernas estiradas, piernas flexionadas; cuerpo en relación al eje de carrera, de frente, de espalda, de lado, etc.

Sentados: piernas cruzadas, piernas flexionadas, de rodillas, a cuatro patas, etc.

Estirados

- Variar la señal

Ejemplos:

Sonora: números, pito, tamboril, palmada, chasquido de dedos, palabras evocadoras, convenidas, ...

Visual: color mostrado, contacto de un objeto (pañuelo, pelota, ...) con el suelo, gesto convenido, imagen, forma, objeto,...

- Variar el objeto a transportar.
- Cambiar de adversario.

Ejemplos de situaciones de control de ritmos

- *Cuatro equipos*

    - Los niños corren lentamente; a la señal el último de cada equipo acelera, pasa a sus compañeros por el exterior, y se coloca en cabeza de la columna donde vuelve a tomar el ritmo general.
    - Nueva señal: aceleración del nuevo último, etc., hasta volver a la formación de partida.
    - Los niños están repartidos en el terreno; corren lentamente.

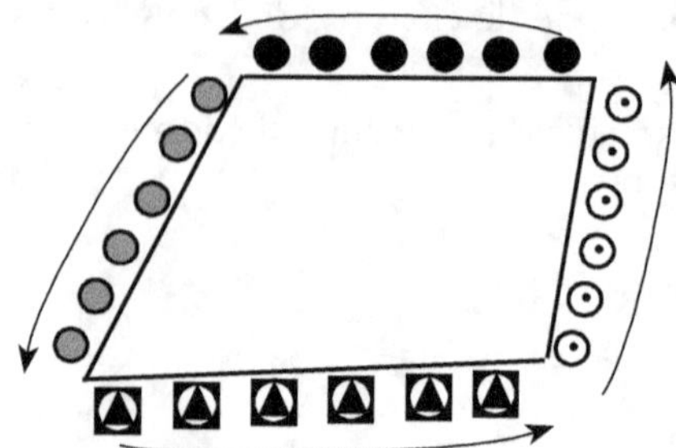

- Dada una señal aceleran; otra señal, aminora la marcha, etc. (alternancia de aceleraciones y desaceleración).
  - Los niños están por parejas, uno de ellos, el número dos detrás del otro, número uno.

- Dada la señal, corren en línea recta con el mismo ritmo moderado.
- Dada una nueva señal, o libremente, el número uno acelera, el número dos responde inmediatamente y trata de pasar al número uno.
- Invertir los roles.

Variables

- Modificar el trazado (formas, distancias), el sentido de rotación,...
- Variar la señal.
- Variar.
- La duración de la aceleración en tiempo, en número de zancadas.
- La alternancia de las aceleraciones y desaceleraciones.
- Mismas situaciones, pero los niños están agrupados por parejas y permanecen uno al lado del otro.
- Dejar a los niños acelerar y desacelerar libremente (supresión de señales).
- Variar distancias separando el número uno del número dos.

Ejemplos de control de los ritmos

El río de los cocodrilos

- Un cocodrilo es escogido y colocado en el pasillo.
- Los otros niños están reunidos detrás de uno de los lados del campo.

- A la señal, deben atravesar el río vigilado por el cocodrilo, sin ser tocados, y llegar al otro lado; todo jugador tocado se convierte en cocodrilo.
- Nueva señal de partida y franqueo, etc.

Nota: los cocodrilos no pueden salir del río; limitar el número a tres o cuatro si es necesario.

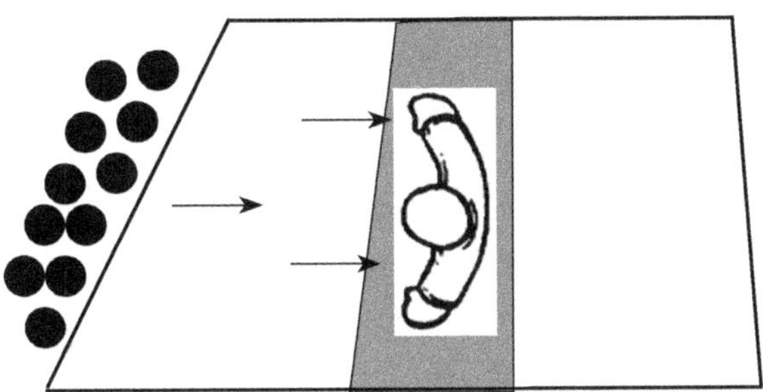

Otros juegos

- Juego de pulga o de gato
- Los caballeros con prisa
- El círculo vergonzoso
- Tocar y parar
- Los moros y cristianos
- Policías y ladrones

El niño corre rápido, con otros

Objetivo
Integrarse en un grupo para sumar tareas idénticas.

Situación propuesta

- Cuatro equipos tras una línea de salida.

  - A la señal, los número uno salen y corren lo más rápido posible, rodean la referencia, y franquean la línea de salida, lo que provoca la salida de los número dos, etc.
  - El primer equipo que vuelve a la situación inicial ha ganado.

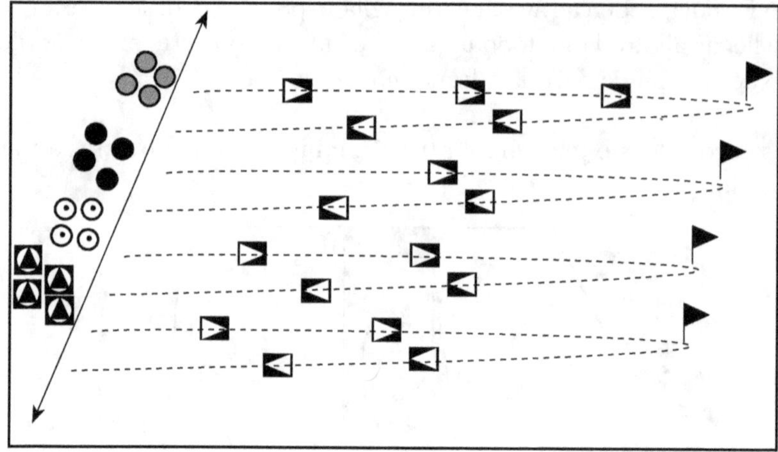

Comportamientos esperados
(generalmente)

Se constata frecuentemente que los niños no aprovechan la ventaja tomada por su equipo y esperan a su adversario directo para tomar la salida. Para ellos la carrera se resume pues en una oposición con un adversario directo que es necesario batir.

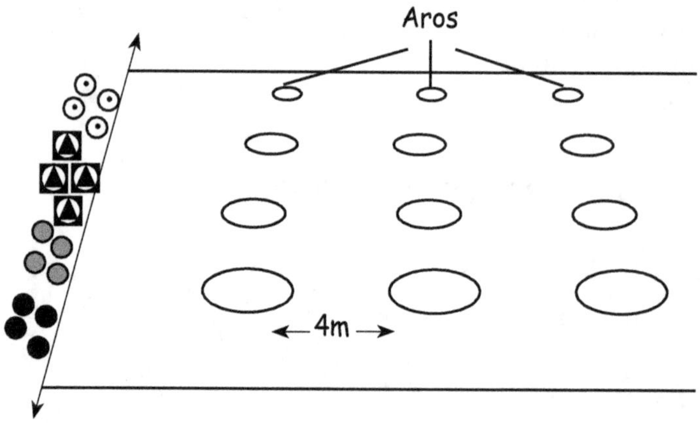

> *Intervenciones posibles del maestro y de los niños propuesta de situaciones que permitan mejorar los comportamientos.*

El maestro buscará con los niños formas de relevos que permitirán adquirir la noción de equipo y la confrontación equipo contra equipo (facilitando así su integración en un grupo para el cual el relevo consistirá en una suma de tareas idénticas.

- Cuatro equipos; al pie del número uno de cada equipo, se colocan tres objetos en el suelo (ejemplo: pañuelo, pelota, balón). A la señal, los número uno recogen un objeto y corren a colocarlo en el primer aro, vuelven a buscar un segundo objeto y lo colocan en el segundo aro, hace lo mismo con el tercer objeto, vuelven a tocar la mano del siguiente que deberá volver a traer los objetos uno por uno a la línea de salida, etc.

Variar

Las formas de desplazamiento

- La longitud de los intervalos.
- Los objetos a transportar.
- El número de aros y de objetos.
- El orden de las tareas.
- La señal de partida.
- La forma de relevos.
- Etc.

Existen muy numerosas formas de relevo que inventar.

Objetivo

Ayudar al niño a tomar un *testigo* estando en movimiento.

Situación propuesta

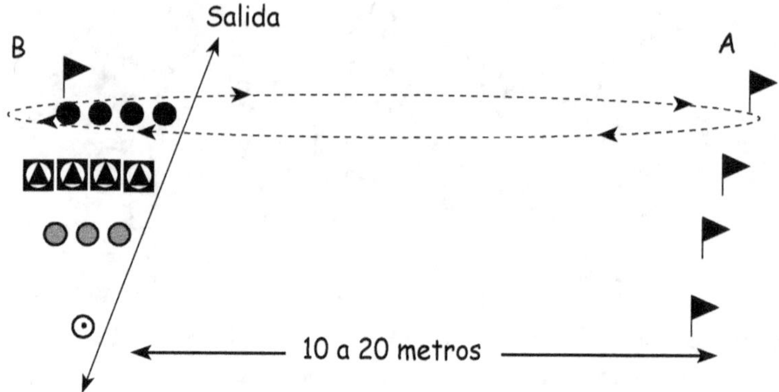

- Cuatro equipos en columna, el primero de cada equipo lleva un testigo.
- A la señal, corre lo más rápido posible, rodea la referencia A después la referencia B, da el testigo al número dos y se coloca en la cola de la columna, etc.
- El primer equipo que vuelva a la posición inicial gana.

Comportamientos observados
(generalmente)

- La mayoría de los niños reciben el testigo estando parados.
- Algunos están girados hacia atrás y toman el testigo con dos manos. No hay preparación para la acción siguiente.
- Otros, un brazo y una pierna en la dirección de la carrera, esperan. La actitud es más dinámica. Se preparan a tomar y a partir.
- Algunos niños parten antes de tener el testigo. Tienen la vista girada hacia atrás. Se preparan, corriendo, para recibir el testigo.

> *Intervenciones posibles del maestro y de los niños propuesta de situaciones que permitan mejorar los comportamientos.*

Después de que el maestro haya hecho observar el interés que presenta el pasar un testigo a un niño en movimiento.

Propone volver a tomar la situación precedente pidiendo al relevista que salga corriendo antes de recibir.

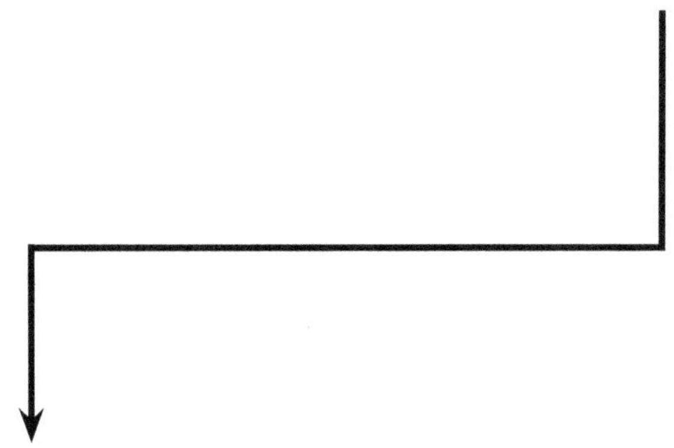

Comportamientos observados
(generalmente)

- Algunos de los que reciben el relevo se lanzan después frenan o se paran, de forma que el portador del testigo no consigue alcanzarlos.
- Algunos de los que esperan el relevo son alcanzados, otros no.

Los niños salen generalmente demasiado pronto o demasiado tarde; deciden ellos mismo el momento de ponerse en movimiento.

> *Intervenciones posibles del maestro y de los niños propuestas de situaciones que permitan mejorar los comportamientos.*

- Hacer descubrir a los niños que el pase de testigo depende esencialmente del momento en que, el que espera se lanza a correr.
- De donde la necesidad de colocar una señal que determina la salida del corredor que espera y permita ajustar las velocidades de los corredores.

Objetivo

Ayudar al niño que espera el testigo a determinar el momento de su partida en función de la velocidad de su compañero.

Situación propuesta

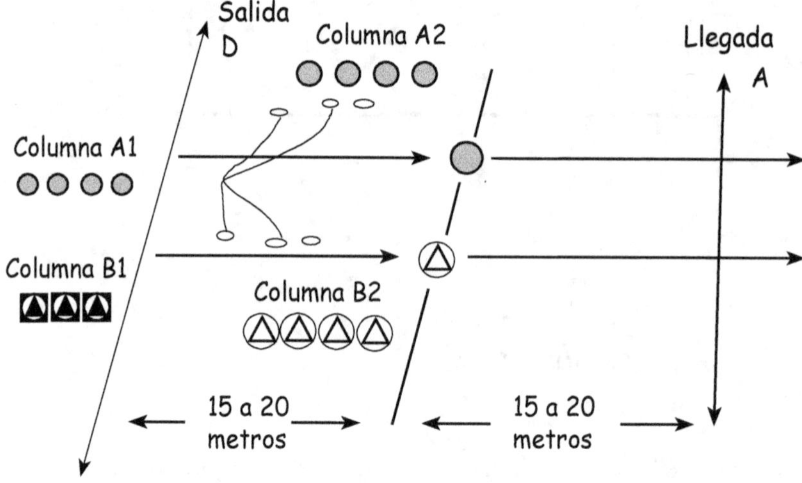

Material: Un testigo para dos, ocho pañuelos u objetos de colores diferentes que sirvan de referencias.

- Dos equipos.
- Cada niño de las columnas A1 y B1 sujeta un testigo. Se colocan referencias (pañuelos, objetos de colores diferentes) en la zona de relevos (cfr. dibujo). Los números uno de A1 y de A2 se relevan para correr contra los números de B1 y B2, lo mismo ocurre para los número dos y después los número tres, etc.
- Para cada relevo el niño que franquea primero la línea de llegada se lleva un punto para su equipo.
- El juego se para cuando todos los niños han sido una vez portadores del testigo y una vez receptores del mismo.
- El que recibe en A2 y en B2 decide con su compañero que saldrá cuando éste llegue frente a tal o cual referencia (ejemplo: referencia roja).

Comportamientos observados
(generalmente)

Se constata en la mayoría de los casos, que

- El que espera el testigo es alcanzado antes de estar en plena carrera: la referencia escogida estaba colocada demasiado cerca de él, o ha empezado a correr demasiado tarde.

- El paso del testigo se realiza correctamente, pero los corredores no están al máximo de su velocidad.
- Los corredores salen mirando hacia detrás de su salida es perturbada.

> *Intervenciones posibles del maestro y de los niños propuesta de situaciones que permitan mejorar los comportamientos.*

Tomar de nuevo la situación propuesta

- Multiplicando, por ensayos sucesivos, el paso de testigo hasta que la elección de las referencias lleve a encontrar la *distancia buena* entre el corredor que llega y el que sale.
- Utilizando, para mejorar el pase del testigo, manos opuestas: el que entrega lo hace con una mano, el que espera lo hace con la otra.
- Reemplazando la referencia visual por una señal sonora gritada por el que entrega cuando considere que está a la *distancia buena* del que le espera.
- Cambiando de compañero de forma a multiplicar las situaciones de ajuste de velocidades.

El niño corre rápido franqueando obstáculos

Objetivo

Ayudar al niño a correr de prisa franqueando obstáculos variados.

Situación propuesta

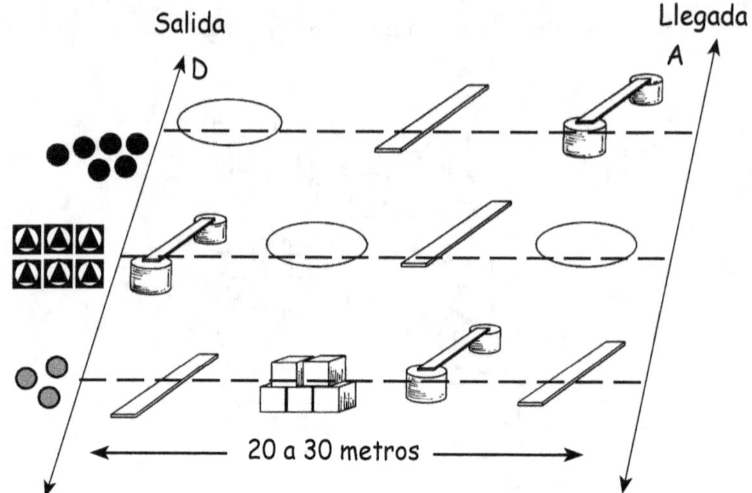

- Varios recorridos diferentes, construidos en equipos por los niños a partir del material aportado (ejemplo: balón, cajitas de madera, cajas de cartón, planchas, latas de conserva, etc.)
- Cada niño corre lo más rápido posible sobre el recorrido construido por su equipo, y después sobre los otros recorridos.

Comportamientos observados
(generalmente)

Después de varios pases:

- La carrera es lenta e irregular en la mayoría de los niños.
- Algunos hacen pasitos delante del obstáculo: busca instintivamente la pierna batida.
- Muy frecuentemente, la mirada está fija sobre los obstáculos.
- Los brazos son raramente una ayuda para la carrera. Sirven para conservar el equilibrio.

> *Intervenciones posibles del maestro y de los niños propuestas de situaciones que permitan mejorar los comportamientos.*

Tomar de nuevo la situación propuesta:

- Variando los obstáculos y su orden.
- Variando los intervalos: crecientes, decrecientes, regulares, cualesquiera.

- Multiplicando los pases bajo forma de juego de relevos para llevar a los niños a correr lo más rápido posible y no mirar más los obstáculos.

Objetivo

Ayudar a los niños a correr rápido franqueando obstáculos bajos, regularmente espaciados con su número regular de apoyos.

Situación propuesta

Material para el recorrido: ejemplos: botes de detergente rectangulares, latas de conservas y planchas etc...

- Cuatro equipos (por lo menos) frente a cuatro recorridos paralelos de dos tipos e idénticos dos a dos.
- Cada niño corre lo más rápido posible franqueando los obstáculos.
- Los equipos permutan de manera que cada uno corra sobre los dos tipos de recorrido.
- Cada niño escoge después el recorrido que le conviene más y lo realiza varias veces.

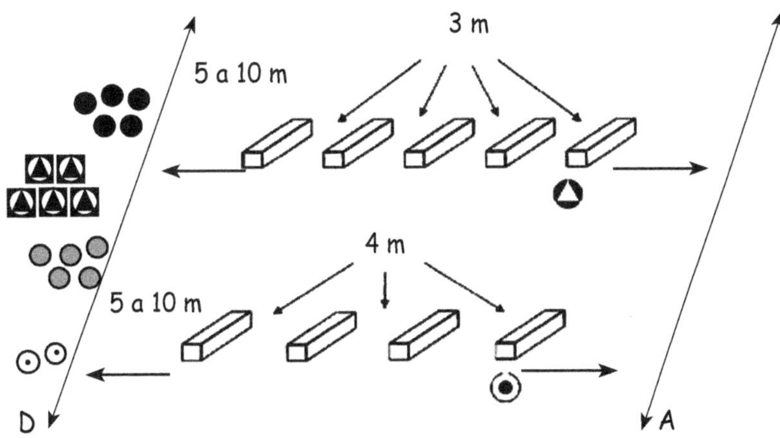

Comportamientos observados
(generalmente)

Si algunos niños tienen un número de apoyo general, después de varios pases sobre el recorrido que prefieren, la mayoría varía el número de apoyos entre los obstáculos.

> *Intervenciones posibles del maestro y de los niños propuestas de situaciones que permitan mejorar los comportamientos.*

Tomar de nuevo la situación propuesta pidiendo a los niños que corran lo más rápido posible efectuando un número regular de apoyos entre los obstáculos.

Este número será escogido por cada niño tras ensayos y tanteos.

Comportamientos observados
(generalmente)

Tras varios pases
*   Muchos niños varían todavía el número de sus apoyos entre los obstáculos.
*   Algunos tienen una carrera *prestada*: cuentan.
*   Un gran número intenta instintivamente utilizar su pie de batida efectuando un apoyo suplementario, alargando, o acortando la última zancada antes del obstáculo.

> *Intervenciones posibles del maestro y de los niños propuestas de situaciones que permitan mejorar los comportamientos.*

Tomar de nuevo la situación propuesta:

*   Variando los intervalos dejándolos regulares (recorridos de dos metros, dos metros y medio, tres metros, tres metros y medio, etc.).
*   Efectuando un mismo recorrido con un número de apoyos diferente (ejemplo: si Juan *corre mal* con tres apoyos, hacerlo correr con dos, y después con cuatro apoyos).
*   Multiplicando las veces que pasa los obstáculos.
*   Organizando juegos de relevos (búsqueda de la velocidad).

Objetivo

Ayudar al niño a correr rápido franqueando obstáculos regularmente espaciados con un número dado de apoyos y una zancada regular.

Situación propuesta

Material: vallas bajas (altura: aproximadamente cuarenta centímetros).

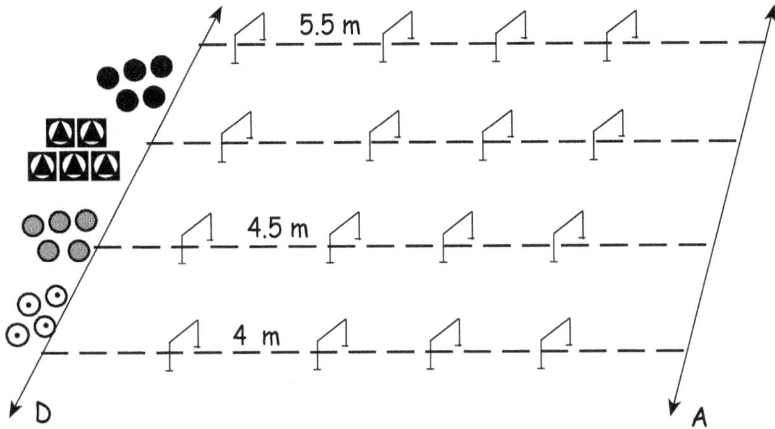

- Cuatro equipos delante cada uno de cuatro recorridos.
- Cada niño corre lo más rápido posible haciendo un número constante de apoyos (cuatro por ejemplo) a lo largo de todo el recorrido.
- El niño escoge el recorrido que le conviene más.

Comportamiento observado
(generalmente)

Cuando los niños han escogido su recorrido o después de varios intentos:

- Algunos tienen todavía un número de apoyos variable.
- Para muchos la longitud de las zancadas es variable.
- Una mayoría salta por encima del obstáculo en lugar de franquearlo.

> *Intervenciones posibles del maestro y de los niños propuestas de situaciones que permitan mejorar los comportamientos.*

Tomar de nuevo la situación propuesta:

- Multiplicando las repeticiones, eventualmente bajo forma de relevos, de manera que cada niño:

Efectúe entre los obstáculos el número contante de apoyos retenido en el recorrido que ha escogido.

Franquee el obstáculo modificando lo menos posible su zancada, conserve entre los obstáculos, una longitud de zancada casi constante.

- Materializando, si es necesario, los apoyos por referencias.
- Haciendo escuchar, reproducir, el ritmo de la carrera.

Material

El niño puede franquear: cajas, tambores de detergente, tablas colocadas sobre un soporte cualquiera (latas de conserva), esteras enrolladas, y vallas.

¿Cómo construir una valla?
Dos ejemplos:

1. Puede estar constituida por dos latas de conserva, en las cuales se pondrá yeso, con el fin de mantener vertical un trozo de mango de escoba de ochenta centímetros o un trozo de palo con muescas. Sobre estos montantes verticales serán fijados unos salientes a alturas de 35, 40, 45, 50 y 55 centímetros del suelo. La barra horizontal será una plancha de madera o un trozo de barra de persiana de poco diámetro (longitud 1,20 m) etc. Las vallas estarán siempre dispuestas con los salientes en el sentido de carrera con el fin de que la barra pueda caer en caso de tropiezo.

2. Otro tipo de construcción.

- 1 tubo eléctrico en PVC, de 3 m de largo, 2 cm de diámetro.
- 4 codos (piezas 1,2,3,4).
- 2 T (piezas 5 y 6).
- Una hoja de sierra de metales para los cortes.
- A: 80 cm
- B: 66 cm
- C = D: 44 cm
- D = H: 30 cm
- E=: 3 cm

La unión de las piezas se hace con una cola especial de impacto.

* Codos 1 y 2 colocados con el tubo A.
* Las piezas 4, E, 5, C, 6, F, 3 forman un conjunto fijado, encolado.

Los tubos D y G así como B y H son intercambiables para variar la altura de las vallas. Se pueden pintar de colores diferentes para un reconocimiento más fácil.

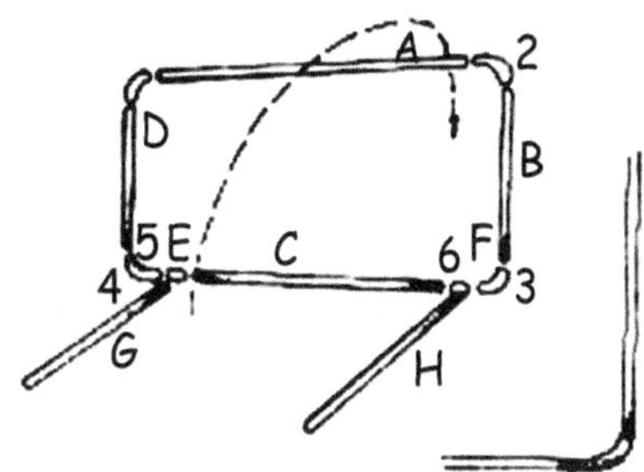

El niño corre mucho tiempo (en endurance)

Correr en endurance es:

* Correr relativamente despacio, mucho tiempo, regularmente, sin ahogos.
* Poder, querer y saber durar en el esfuerzo prolongado.

Correr en resistencia es:

Correr a un ritmo sostenido, intentando soportar las perturbaciones respiratorias o cardiacas que aparecen, resistir a la fatiga, continuar la carrera a pesar del sofoco.

La endurance no es una actividad, es una cualidad

¿Por qué debe formarse al niño en la carrera de *endurance?*

La carrera en endurance, particularmente en el ciclo medio, es un excelente medio de formación cardíaco, muscular y respiratoria que acrecienta en particular la capacidad de absorción y utilización del oxígeno. Trabajos experimentales, realizados con un gran número de clases, han permitido demostrar que la práctica de la endurance llevaba, entre otras cosas, a un descenso del ritmo cardíaco y a un aumento de la capacidad vital en el niño. Es una buena preparación para un futuro trabajo de resistencia en todas las actividades físicas y una garantía de buena salud.

La endurance esta caracterizada por un ritmo cardíaco comprendido generalmente entre 120 y 160 pulsaciones por minuto (pulsaciones tomadas al parar la carrera, en la muñeca, en el cuello o en el corazón) dado que esta forma de pulsaciones es prácticamente imposible a esta edad, la observación estará basada en la facilidad respiratoria.

> *La facilidad respiratoria es la posibilidad dada a los niños de hablar durante la carrera.*

La carrera en endurance que es una carrera de salud, no debe convertirse en una carrera de pereza, sin esfuerzo, sin el compromiso de la valentía y de la voluntad.

Objetivo

Ayudar al niño a descubrir que para correr mucho tiempo no hay que correr deprisa

Situación propuesta

* Un circuito cualquiera con referencias (aros, pilones, banderolas, botellas de plástico, etc.,) fijadas por los niños, en el cual toda la clase va a correr al mismo tiempo durante cuatro minutos; si el niño está cansado camina; cuando está menos cansado reemprende la carrera.
* Los tiempos de carrera (un minuto, dos minutos, etc.) son anunciados.

Comportamientos observados
(generalmente)

- La salida se parece a una alzada de vuelo de gorriones: los niños arrancan como si se tratara de una carrera de velocidad y quieren ser los primeros.
- Algunos se paran muy deprisa, hacen algunos pasos caminando y vuelven a salir.
- Otros alternan carrera velocidad y marcha.
- Algunos tras una salida rápida, adoptan un ritmo *razonable* cuando se anuncia el final del primer minuto.
- La señal del tercer minuto provoca, para muchos, una aceleración.

> *Intervenciones posibles del maestro y de los niños propuestas de situaciones que permitan mejorar los comportamientos*

- A través del juego de las preguntas y las respuestas, hacer descubrir la necesidad de una carrera menos rápida.
- Hacer tomar conciencia de la noción de la duración pidiendo, por ejemplo: caminar durante cuatro minutos, callarse o cantar durante cuatro minutos.
- Tomar de nuevo la situación de propuesta pidiéndoles que corran durante cuatro minutos intentando no pararse.

Comportamientos observados
(generalmente)

- La salida es todavía muy rápida, después de la carrera se hace más lenta, quedando aún irregular.
- Muy pocos niños caminan: los que lo hacen sólo lo hacen una vez y sobre una distancia muy corta.
- La mayoría acaba con la respiración entrecortada.

> *Intervenciones posibles del maestro y de los niños propuestas de situaciones que permitan mejorar los comportamientos.*

- Hacer constatar la velocidad demasiado grande al principio.
- Hacer descubrir por los niños, al acabar la carrera, el ritmo elevado de los latidos del corazón y su enlentecimiento después de algunos minutos de recuperación (*escucho mi corazón tapándome los oídos, siento mi corazón latir poniendo en él mi mano*).

- Volver a repetir la situación hasta que los niños no se paren (cuatro o cinco sesiones son suficientes en general).

Objetivo

Ayudar al niño a:

- Correr durante un tiempo largo sin sofocarse.
- Recorrer sensiblemente la misma distancia en cuatro minutos de carrera, cada vez que se intente.

Situación propuesta

- Un circuito de un perímetro dado (ejemplo: un cuadrado de veinticinco metros) de lado con referencias.
- Los niños de media clase corren durante cuatro minutos sin sofocarse; los niños de la otra media clase observan.
- Cada observador se fija en un corredor, los roles son invertidos a continuación.
- El observador contabiliza las vueltas y las partes de vuelta efectuadas por su compañero.

Nota: es indispensable tener una ficha de clase en la que figurará para cada niño la distancia en metros y en vueltas recorrida en cada sesión.

Comportamientos observados
(generalmente)

- El sofoco aparece siempre; después, a medida que transcurren las sesiones, el número de niños corriendo con facilidad respiratoria aumenta.

- La carrera se hace todavía a golpes (aceleraciones y enlentecimientos); sin embargo para la mayoría de los niños, se regula poco a poco.
- Algunos se agrupan, otros corren solos.
- La distancia recorrida se estabiliza de sesión en sesión salvo para unos pocos.

Intervenciones posibles del maestro y de los niños

Propuestas de situaciones que permitan mejorar los comportamientos

- Tomar de nuevo la situación propuesta:

Hasta que todos los niños de la clase (o casi todos), trabajen con *facilidad de respiración*, controlando los signos de sofoco y frenando a los niños sofocados.

Hasta que cada niño de la clase (o casi cada niño) recorra, en cada intento, en un tiempo dado, con facilidad respiratoria, una distancia sensiblemente idéntica.

(Verificar si las distancias anunciadas por los observadores son exactas diálogo corredor/observador).

- Construir a continuación grupos de nivel teniendo en cuenta la media (de diez a quince sesiones) de las distancias recorridas por cada uno.

En un trabajo experimental (3° E.G.B.) se constituyeron:

- Un grupo con seis niños que recorrían de 440 a 480 metros (distancia de base escogida 480 metros).
- Un grupo con diez niños que recorrían de 490 a 520 metros (distancia de base escogida 512 metros).
- Un grupo de ocho niños que recorrían de 560 a 590 metros (distancia de base escogida 560 metros).
- Un grupo de cuatro niños que recorrían más de 660 metros (distancia de base escogida 608 metros).

Objetivo

Ayudar al niño a correr mucho tiempo y regularmente.

Situación propuesta

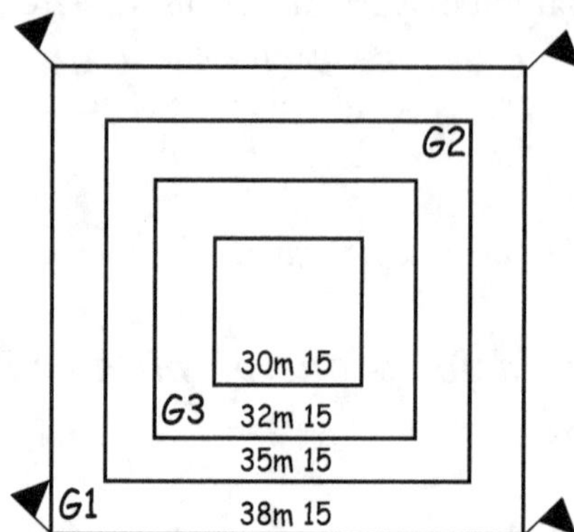

- Construir un trazado (figura geométrica cualquiera; ejemplo: cuadrado, rectángulo, rombo, círculo, línea recta, etc.) en que una fracción representará, para cada grupo, la distancia a recorrer en quince segundos.
- Número suficiente de referencias para delimitar los circuitos (se pueden marcar los extremos de los circuitos con pintura).
- Señal a la salida y después cada quince segundos.
- Cada grupo corre regularmente sobre su circuito intentando pasar sobre la referencia en el momento de la señal.
- Durante cuatro o cinco sesiones hacer correr un grupo a la vez.
- Cuando los grupos corren casi regularmente, hacerlos correr de dos en dos y despúes de cuatro en cuatro; colocarlos entonces a la salida en extremos de recorrido opuestos.
- Cuando todos los grupos corren regularmente, *olvidar* de tanto en tanto la señal y después repetirla cada treinta segundos y finalmente cada minuto.

Comportamientos observados
(generalmente)

- Algunos grupos encuentran enseguida un grupo regular que les permite ajustar referencias sonoras y visuales.
- Otros pasan siempre adelantados o atrasados.
- Algunas veces se observa una alternancia de adelantos y de atrasos: el sobrepasar a un compañero dentro del grupo es fuente de aceleraciones.

Para los grupos que muestran dificultad en encontrar el ritmo regular, tomar de nuevo la situación propuesta:

* Con una alternancia de carrera y de marcha: *corramos durante quince segundos; comparemos nuestra posición con relación a la referencia siguiente y comencemos de nuevo.*

* O bien colocando en cabeza del grupo, uno o dos niños que corran regularmente, impidiendo a los demás que lo sobrepasen.

En lo que concierne al acercamiento a la carrera en endurance, el papel del maestro es capital. Durante toda la fase de búsqueda de la regularidad, deberá verificar sistemáticamente pulsaciones de uno o dos niños de cada grupo al final de la carrera (principalmente los que parezcan sofocados).

Si, para algunos niños, el número de pulsaciones por minutos es regularmente 160, colocar a estos en el grupo inferior.

Si es demasiado elevado para todo un grupo, volver a una distancia inferior conveniente.

Objetivo

Ayudar al niño a correr, *solo*, cada vez durante más tiempo.

Situación propuesta

- Tres o cuatro circuitos concéntricos, o no, (ejemplo 60 metros, 80 metros, 100 metros), delimitados por aros de colores diferentes.
- Toda la clase corre al mismo tiempo durante cuatro minutos, pero cada niño es cogido previamente: su circuito, su referencia de salida, su sentido de rotación.

Comportamientos observados
(generalmente)

- La dispersión en los diferentes circuitos se hace fácilmente; sin embargo se forman uno o dos grupos de tres o cuatro niños.
- Algunos se colocan por parejas ya en la salida, pero algunas veces se separan durante la carrera; algunas parejas quedan así formadas y un niño puede correr entonces por encima o por debajo de sus posibilidades.
- Para la mayoría de los niños la carrera es regular y sin sofocos.
- Muy pocos toman un ritmo de carrera demasiado rápido.

> *Intervenciones posibles del maestro y de los niños propuestas de situaciones que permitan mejorar los comportamientos.*

Tomar de nuevo la situación propuesta.

- Actuando para los grupos demasiado grandes, a nivel de los sentidos de rotación.

- Aumentando cada tres o cuatro sesiones los tiempos de carrera de treinta segundos hasta un máximo de ocho minutos hacia el final del curso.
- Diversificándola frecuentemente para evitar una cierta monotonía: cambio de circuito, de colocación de salida, de sentido de rotación, cada minuto por ejemplo, carrera libre en el espacio, etc.
- Verificando siempre las pulsaciones de los niños que parecen sofocados.

El niño corre durante mucho tiempo (en endurance)

Ejemplos de capacidad de progresión:

- Soy capaz de correr durante cuatro minutos sin pararme.
- Soy capaz de correr durante cuatro minutos sin estar sofocado y recorriendo una distancia sensiblemente idéntica en cada sesión.
- Soy capaz de correr durante cuatro minutos, regularmente, ayudado por una señal sonora en cada minuto, y sin estar sofocado.
- Soy capaz de correr solo durante ocho minutos.

El niño juega a luchar

¿Juego de lucha por qué?

Presentan múltiples intereses educativos:

- Desarrollando las grandes funciones orgánicas.
- Controlando la agresividad: no hacer daño, controlar los gestos, dominar las pulsiones, ...
- Favoreciendo y enriqueciendo la coordinación motriz en un diálogo corporal muy sutil.
- Obligando a realizar elecciones rápidas.

¿Dónde?

Estos juegos son posibles en todas partes (patio, sala, terreno con césped, tarima, ...)

Sin embargo, si no disponemos de un suelo blando o de moqueta, será quizá oportuno excluir situaciones que impliquen caídas brutales.

Proponemos una situación global y sus variables, de donde podrán surgir observaciones muy diversificadas *que conducirán al maestro, a escoger, en función de los objetivos educativos y de las condiciones naturales.*

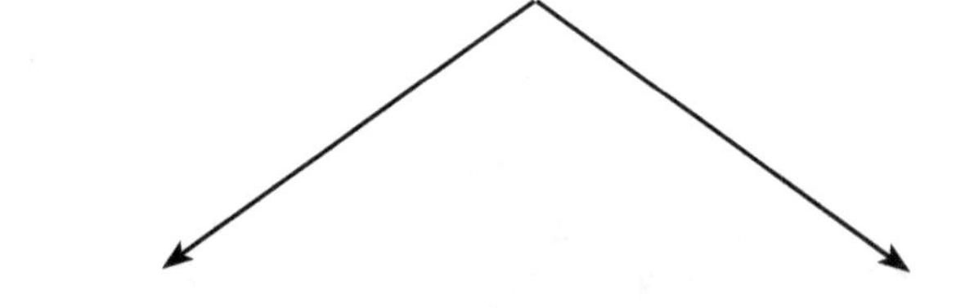

Juegos de oposición

Clasificados por objetivos, sin preocupación por la progresión pedagógica.

Fórmulas de lucha

Podrán construir diversas finalidades en la práctica de la actividad.

Nota: No estarán autorizados los agarres a través de la ropa, salvo si se trata de vestidos viejos reservados para este uso. Los niños deberán quitarse los relojes, pulseras, anillo, collares.

Una situación global: el carbonero es amo en su casa

- Dos equipos en el círculo (por ejemplo la mitad de la clase dividida en dos equipos, la otra mitad observando, después cambio de roles).
- Hacer salir del círculo a los otros jugadores.
- Reglas de funcionamiento a establecer por el grupo de clase (cuidado con las agresiones).

Comportamientos observados
(generalmente)

- Tirar, empujar, rodear, hacer pivotar...
- Agarrar, levantar, llevar, hacer fuerza sobre ...
- Caer, desequilibrar, hacer caer...

Variantes

- De dos en dos
- Con varios
- Por equipos

Colocándose:

- Frente a frente, los brazos cruzados sobre el pecho.
- Frente a frente, los brazos cruzados en la espalda.
- Uno detrás de otro.
- De lado, hombro contra hombro.
- Agachados.
- Una rodilla en el suelo.
- A cuatro patas.
- En el suelo sobre la espalda.
- En el suelo sobre el vientre.

Utilizando material:

- Cuerdas, pañuelos, bastoncitos, ...

Agarrando:

- Una mano.
- Las manos, las muñecas.
- Un brazo, los brazos.
- Una pierna, las piernas.
- El pecho, la cintura.
- La ropa.

Actuando con las piernas

El maestro y los niños que no actúan vigilarán que

- El luchador quede en equilibrio.
- El luchador provoque o utilice las acciones del adversario para llevarlo al equilibrio, aprovechando su fuerza, su empuje, y no llevándole la contraria o resistiéndole.

Juegos de oposición

Objetivos: Halar-empujar con relación a una línea o a una zona delimitada.

Hacer franquear la línea empujando.

Hacer franquear la línea tirando de lado, agarrados por los codos.

Hacer franquear la línea estirando.

Empujando espalda con espalda

Un bastón (1/3 de mango de escoba) aguantando con las dos manos: hacer franquear la línea estirando, empujando.

Hacer salir del aro estirando.

"El manco es amo en su casa". Hacer salir del aro empujando, hombro contra hombro las manos en la espalda.

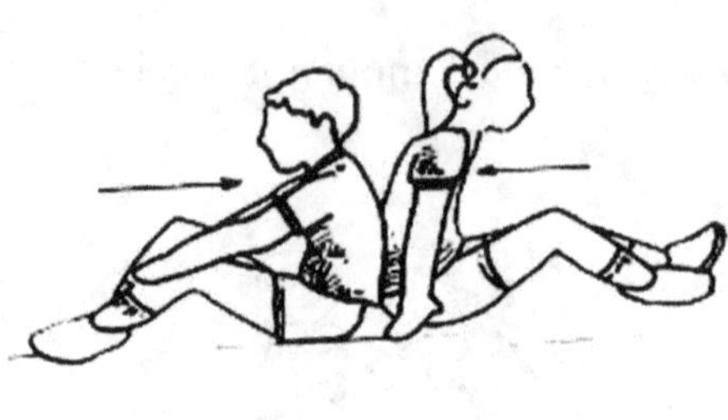

Espalda contra espalda, sentados, empujar.

De rodillas: hacer salir del círculo empujando o estirando.

"La cabra montés" a cuatro patas, hombro contra hombro, empujar.

Empujar al burro, manos sobre los hombros, el burro se resiste.

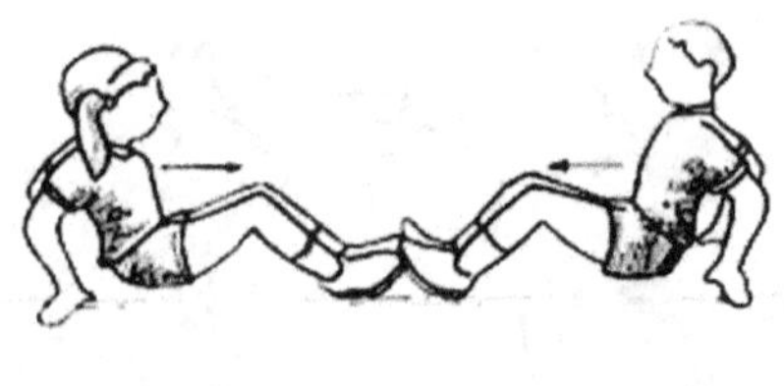

Pies contra pies, empujar.

"Empujar al burro" manos en la cadera.

El paso de la frontera

Dos equipos a un lado y otro de otra línea. Los jugadores se cogen las manos cara a cara. Atraer a su adversario y hacerle franquear la línea de fondo.

Variantes

- Espalda contra espalda.
- Espalda contra espalda cogiéndose por las manos en el mismo equipo.
- Cogiéndose una mano frente a frente.
- Con una o dos cuerdecitas.
- Con uno o dos bastones.
- Agarres libres en un tiempo limitado (un minuto, por ejemplo).

El torneo de los caballeros

Dos equipos: jugadores por parejas (un caballo y un caballero).

Hacer salir a los adversarios de un círculo sin ayudarse con las manos (los caballeros tienen los brazos cruzados).

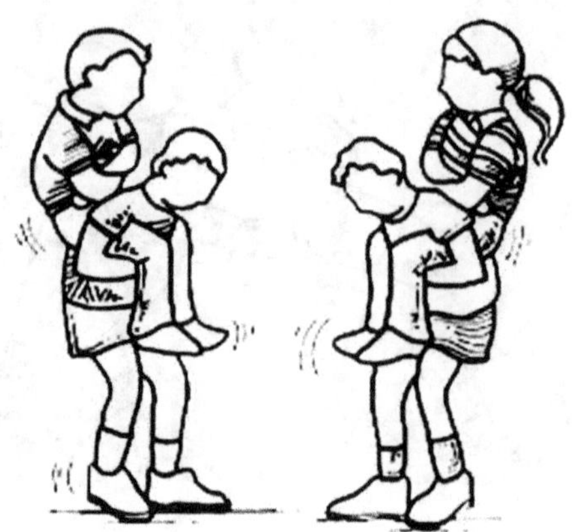

Los bolos envenenados

Dos o cuatro equipos en que los jugadores están colocados lado a lado y se cogen por las manos, formando un círculo.

Bolos o cualquier otro objeto en medio del círculo.

Todo jugador que los toque queda eliminado.

La cuerda en círculo

Una cuerda atada formando un gran círculo.

Tantos bolos (o cualquier otro objeto) en el exterior, como jugadores.

Estirar para tocar su propio bolo.

El círculo envenenado

Dos o tres equipos en que los jugadores están colocados uno al lado del otro y sujetan una cuerda con nudos.

Estirando de la cuerda, hacer entrar a los jugadores contrarios en el círculo trazado en el suelo.

Lucha de tracción de la cuerda, lucha a cuatro

Los dos jugadores que se hallan uno frente al otro se agarran por las muñecas. Sus compañeros lo cogen por la cintura. Hacer franquear la línea a los adversarios.

Objetivo: Cambiar rápidamente de apoyos.

"Toque de rodilla" o "toque de tobillo"

Coger el pañuelo

Coger el pañuelo de tres en tres.
Variantes: por equipos, grupos de cuatro.

Los tres toques en el pie
Tocar tres veces el pie del otro en
treinta segundos.

Coger el pañuelo de rodillas.

El lobo y el cordero

- La clase está repartida en columnas de 5 ó 6 jugadores: el primero es el *pastor*, el último el *cordero*, un *lobo* por columna.

Se trata:

- Para el *lobo*, de tocar al *cordero*.
- Para el *pastor* de molestar al *lobo*.
- Para el resto de los niños y el *cordero*, de desplazarse en función de los movimientos del *lobo* para evitar que coja al *cordero*.

¡Cuidado! Cambiar frecuentemente de *lobo*.

Objetivo
Desequilibrar para hacer caer.

El rodeo hacer caer al jinete.

Pata coja desequilibrarlo con las manos cogidas a la pierna.

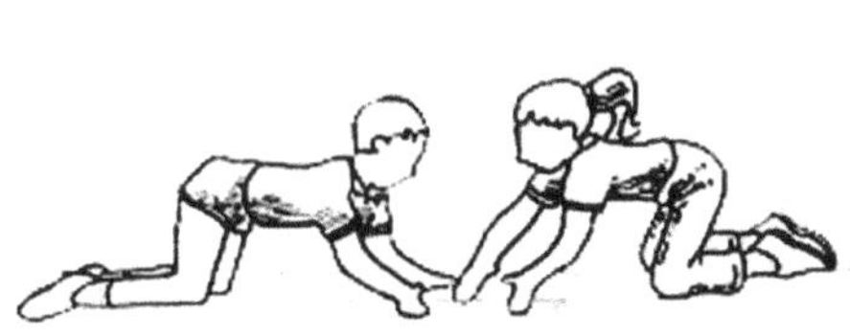

Barriendo un brazo (o los dos) con la mano para provocar la caída.

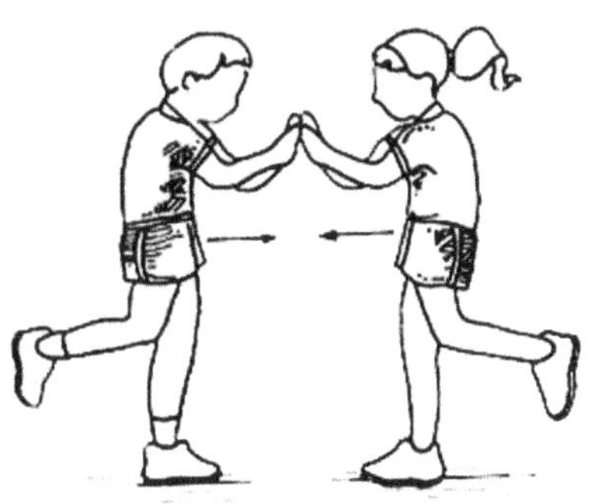

El combate de gallos a pata coja manos planas (no agarrarse con los dedos).

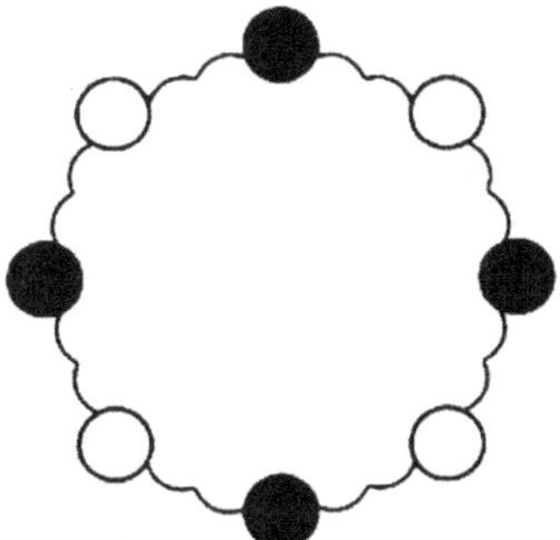

"El combate de gallos" en cuclillas

El "combate de gallos" lateral

Barrer las piernas

Terreno blando o moqueta.

- Dos equipos de tres o cuatro jugadores alternados formando un corro.
- Todo jugador desequilibrado puede ser eliminado.

Objetivo

levantar, girar, mantener en el suelo.

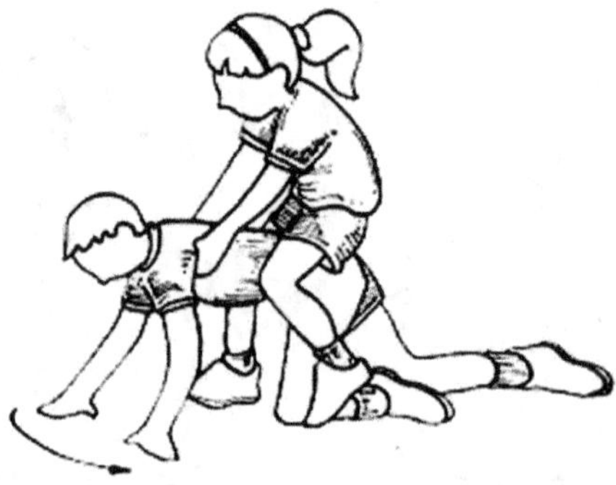

Levantar a la tortuga. A a cuatro patas, B caballo levanta a A que se resiste.

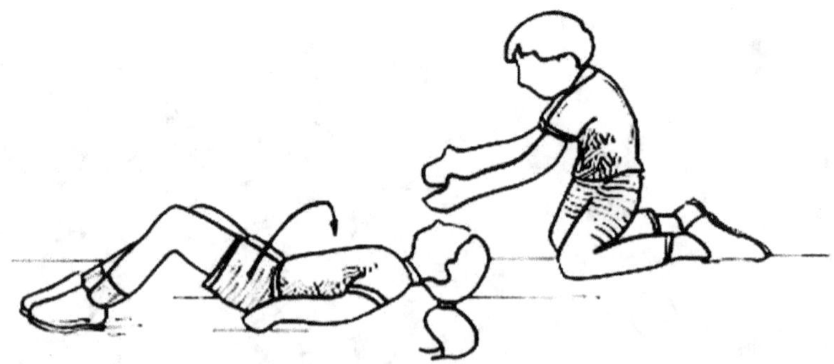

Hacer tirar a la tortuga.
Misma situación pero B debe llevar a A al suelo sobre la espalda.

Tirar al suelo
En pie tirar al otro al suelo sobre su
espalda

De rodillas en el suelo tirar al otro
sobre su espalda.

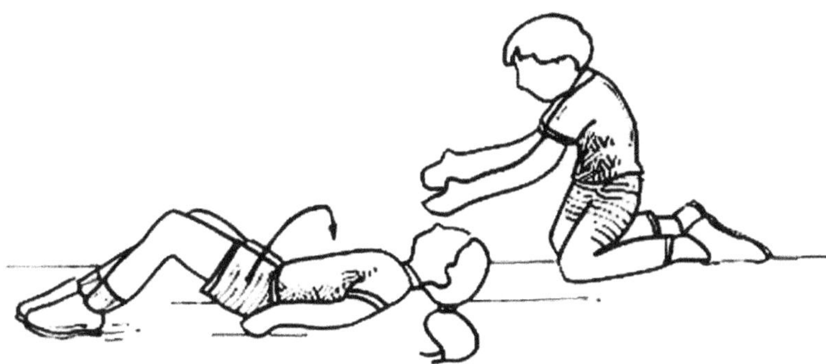

"Mantener"
A está tirado sobre la espalda y debe girarse rápidamente sobre el vientre.
B colocado de rodillas detrás de él debe impedírselo.

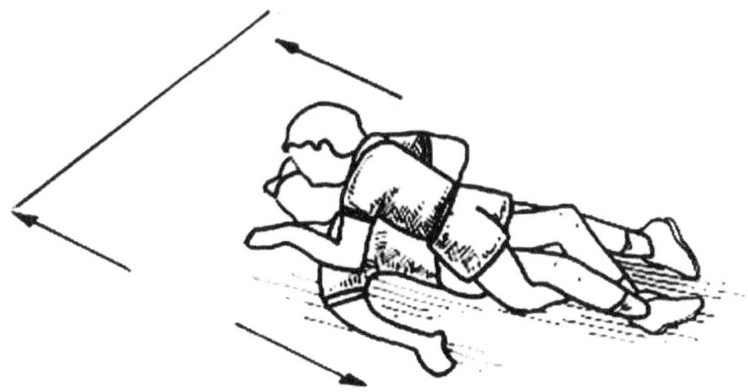

"Retener"
A está estirado de espalda e intenta tocar la línea. B está sobre él y debe impedírselo. Variante: el A está estirado sobre el vientre.

Las tortugas y los cazadores

- Equipos de 4 a 6 jugadores.
- Las *tortugas* a cuatro patas, los cazadores en pie alrededor de las tortugas.
- En el mínimo tiempo posible los cazadores deben girar e inmovilizar a las tortugas.
- Cambiar los papeles.

Objetivo

Caer (aceptar la caída, saber caer)

El cazador y los conejos

Juego que debe realizarse frecuentemente, sobre terreno blando o sobre moqueta.

En un espacio delimitado, 1 (ó 2, 3) cazador(es) se desplaza(n) y toca(n) a los conejos.

Estos no están cogidos si:

- Caen de cara.
- Se ponen sobre la espalda, a elección del grupo, pero no pueden quedarse en esta posición.

Formas de lucha

La clase podrá definir sus propias reglas de lucha en función de las condiciones materiales (suelo que permita o no las caídas) y de las vivencias.

Proponemos aquí algunas formas de lucha simples y variadas que se puedan utilizar.

La lucha japonesa	Sacar al adversario de un círculo empujándole o tirando de él.
La lucha turca	Levantar al adversario y hacer 3 pasos.
La lucha inglesa	Pasar detrás del adversario y cogerlo por la cintura.
La lucha suiza	Tirar al adversario al suelo de espalda o sentado.
La lucha libre	Tirar al adversario y mantenerle con los dos hombros contra el suelo al tiempo de decir "cai-do".

Bibliografía

ABOY LA FUENTE, Adoración. *La educación física en la 2ª, etapa de la ebg.* Ed. Alhambra, Madrid. 1986.

Congreso de Educación Física. *Apuntes.* Cadiz España. 1994.

Congreso Panamericano de Educación Física. *Apuntes.* Panamá 1999.

GARCÍA HOZ, Víctor. Calidad de educación, trabajo y libertad, Ed. Dossat, Madrid. 1981.

GIRALDES, M. *Metodología de la Educación Física.* Ed. Stadium, Buenos Aires. 1980.

GONZÁLEZ, D. *Principios y métodos de educación física.* La Habana.

GUIMARAES Toninho. *Congreso de educación física.* Barcelona, España. 1992.

LA PERRE, A. *La reeducation physique. Tomo 1.* Ed. Baiviere Et Fieles. París. 1978.

La educación motora de los cuatro a los once años. 1976.

LE, Bouleh. *El desarrollo psicomotor desde el nacimiento a los seis años.* Ed. Doñate. Madrid. 1993.

Maestría en metodología deportiva. Apuntes Toninho Guimaraes. Colonia Alemana. 1993.

Manifiesto mundial de la educación física (FIEP). Ed. Colegio Oficial de Profesores de Educación Física, Serie Divulgación No.1. Madrid, España. 1979. pp. 15-24.

Necesidades y objetivos. No. 118. Barcelona. 1987.

OZOLIN, N.G. *Sistema contemporáneo de entrenamiento deportivo*. Ed. Cientifico-técnica. La Habana.

PEARSON, G. Guía de educación física para el maestro. Ed. Paidós. Buenos Aires. 1984.

PILA TELEÑA, Maryhelen. *Enseñanza de la educación física*. Ed. Interamericana. 4ª. Edición. 1988.

SEY BOLD, Anne Marie. *Principios didácticos de la educación física*. Ed. Kapelus. Buenos Aires. 1982.

El autor

Toninho Guimaraes Rodríguez

Licenciado Educación Física, Recife, Río de Janeiro-Brasil, 1974-1978. Maestría en Metodología Deportiva, Colonia Alemana, 1991-1992. Título de Entrenador Federación Catalana de Fútbol. Barcelona España, 1986. Título de Entrenador Nacional Albacete. Federación Española de Fútbol, 1990. Título de Entrenador divisiones inferiores. F.C. Barcelona-España, Johan Croyf, 1992. Entrenador Federazione Italiana Giuco Calcio. Roma-Italia, 1989. Licencias C-D-E Federación Americana de Fútbol Soccer. Los Ángeles-USA, 1998. Futbolista de la Selección Brasilera Juvenil, 1974. Exfutbolista Profesional Internacional. Brasil, Portugal, España, Suiza, 1972-1991. Diplomado Administración Deportiva. La Habana-Cuba, 1997. Catedrático Universidad de Educación Física. Monterrey-México,1997. Entrenador Equipos Profesionales. España, Marruecos, África,1992-1995. Coordinador Escuelas Deportivas Ayuntamiento Barcelona y Generalitad Cataluña-España,1993. Congreso Internacional de Psicología del Deporte. México D.F., 1998. Congreso Ciencia y Fútbol. Madrid-España, 1990. Congreso Panamericano de Educación Física. Panamá, 1999. Conferencista en: Diplomados, Posgrados, Congresos, Seminarios, Simposios en Universidades, Federaciones, Clubes de Fútbol Profesional, Asociaciones Deportivas, Comités Olímpicos en diferentes países: España, Marruecos, Túnez, Brasil, México, Estados Unidos, Colombia, Perú, Venezuela, Costa Rica, Jamaica y Guatemala, 1992-1999. Comentarista Copa Mundo Francia, 1998. TV. Azteca- México. Autor de cuatro libros y tres videos de fútbol. Brasil, México y Colombia, 1994-1998. Coordinador Programas Didácticos Deportivos en televisión. Casa Blanca. Marruecos, México D.F. Monterrey. 1993-1994, 1997-1998. Columnista enb periódicos y revistas deportivas. España, Marruecos USA, México, 1993-1994, 1997-1998. Investigador en las ciencias aplicadas al deporte. 1992-1999. Entrenador de fútbol, 1992-1999. Ex-entrenador FIFA Área africana, 1995 *Entrenador FIFA, 1992-2000.*